研之有理

一位教研员"全科教研"的
课例研究

王兴桥　著

华东师范大学出版社

·上海·

图书在版编目（CIP）数据

研之有理：一位教研员"全科教研"的课例研究 /
王兴桥著. —上海：华东师范大学出版社，2018
ISBN 978-7-5675-8370-2

Ⅰ.①研…　Ⅱ.①王…　Ⅲ.①教育研究　Ⅳ.
①G40-03

中国版本图书馆CIP数据核字（2018）第223711号

研之有理
一位教研员"全科教研"的课例研究

著　　者　王兴桥
责任编辑　刘　佳
特约审读　陈成江
责任校对　郭　琳
装帧设计　卢晓红

出版发行　华东师范大学出版社
社　　址　上海市中山北路3663号　邮编 200062
网　　址　www.ecnupress.com.cn
电　　话　021-60821666　　行政传真 021-62572105
客服电话　021-62865537　　门市（邮购）电话 021-62869887
地　　址　上海市中山北路3663号华东师范大学校内先锋路口
网　　店　http：//hdsdcbs.tmall.com/

印 刷 者　苏州工业园区美柯乐制版印务有限责任公司
开　　本　787×1092　16开
印　　张　20
字　　数　189千字
版　　次　2019年3月第1版
印　　次　2022年6月第3次
书　　号　ISBN 978-7-5675-8370-2/G.11529
定　　价　66.00元

出 版 人　王　焰

（如发现本版图书有印订质量问题，请寄回本社客服中心调换或电话021-62865537联系）

研之有理　　代序

万事万物皆有其理。事物之理，乃至道也。理中有道，道中有理。教学有理，教研有理，教学教研之理，乃教学之道，教研之道也。

"研之有理"是由"言之有理"所想到的。"研"就是教研，这里特指听评课活动，即课例研究。"理"就是道理，即上课之理、上课之道；"有理"这里不是说你就是有理的，你就是对的，你就是真理的化身和代言人，而是说要探寻道理、探寻规律、探寻奥秘，即探寻教学之理、教研之理，也就是探寻上好课之理。从而为教学教研服务，为教师发展服务，为教师上好课服务，为提高课堂教学质量服务。

研之有理，从本质上来讲，是指开展听评课活动就是要讲道理，就是要跟老师们讲清上好课的道理。我们知道，听评课是中小学教研活动最基本最常见也是最重要的一种形式。因此，在评课时也就一定要讲道理，就是要讲怎样才能把课上好的道理，怎样才能把课上得更好的道理，怎样才能更有利于学生学习和发展的道理。因为开展听评课活动，就是为了研究课堂教学，就是要提升教师上课的水平。这是一种心与心的碰撞，是心灵的对话和交流。那就必然要求我们在开展听评课活动时要敞开心扉，坦率交流，真诚相待，以理服人。否则，教研活动的效果就可想而知了。

研之有理，包含四个方面的内容，即：摆事实、讲道理、谋发展、促提高。"摆事实"就是我们说话要有根据，听评课一定要来源于真实的课堂，来源于真实的课堂教学，要一切以真实的课堂教学为研究对象，否则也就没有意义了。"讲道理"就是要讲清教学之理，课堂之道，我们在开展教研和听评课活动时，一定要讲道理，要以理服人，心平气和，开诚布公，坦诚沟通，而不是以势压人，盛气凌人，自以为是，霸占话语权。"谋发展"，就是开展教研活动也好，听评课也罢，其目的都是在谋教师的专业发展，为教师的发展服务，真正让每一位教师都能把课上好，做一名合格的教师。"促提高"，就是促进课堂教学质量的提高，这是教育的重要目标。每位教师如果都能把每一节课上好，教学质量的提高才有基础和希望。

要做到研之有理，最重要的是要落实四个字，即：真、实、情、理。"真"，就是指真教研。我们的教研和听评课活动，一定要建立在真的基础之上。首先是要上真课，然后是在评课时要讲真话，最后是要做真研究。开展听评课活动最重要的是要上真课，而不是假课，否则也就毫无意义了。"实"，就是开展教研和听评课活动时，要实实在在，不要搞形式主义，不要来虚的，不要虚情假意，大而化之，不着边际，花里胡哨，那样对谁都没有好处。"情"，就是我们要有教育情，教研情，学生情，教学情，课堂情，只有这样，才能做好教研工作，才能开展好听评课活动，我们的教研和听评课活动才能取得实效和突破，教师才能真正地有所发展。"理"，就是我们在开展教研和听评课活动时，要讲道理，要以理服人。我们教研员千万不能居高临下，咄咄逼人，更不能"无理取闹"。做到了"真、实、情"，才能有"理"可言，否则，"理"就是空的，一切也就无从谈起。总而言之，"真、实"在"情、理"之上，"情、理"在"真、实"之中。"真、实"是"情、理"的基础，"情、理"是"真、实"的升华，它们是相辅相成的，缺一不可。

上课有道，教研有理。只有探寻上课之道，才能真正做好教研工作，才能真正为教学工作提供保障；教研员只有讲清上课之道，并以理服人，教师才能把课上得更好，学生也才能把课学得更好。老师只有把上好课的道理搞清楚，学生才有可能把课学得更好更扎实。

我认为："教研员必须走进课堂，关注课堂，研究课堂教学，这是每一位教研人员的神圣职责。否则，提高教学质量就难以落到实处。"我还反复强调过，"对于老师来说，上好课才是硬道理"、"名师一定是上课上出来的"、"上好课是老师的天职"。

说实话，一方面现在有多少老师能把课上好，要我说是不乐观的。这种现状如果不能得到彻底改变，那还了得。另一方面，现在开展听评课活动时，有多少人讲真话、实话，讲有利于老师发展的话，真正为老师好，可以说不太多。评课时不是避重就轻，回避矛盾，就是只说好的，不说坏的。或说一些听不懂的话，云里雾里的。对老师对教研一点好处都没有，这样的教研也就变味了，也就没有存在的必要了，必须要彻底改变。

当老师的看家本领就是上课，上好课应该是你的拿手好戏。不能上课、上不好课的老师，就是不称职、不合格的老师，也必将误人子弟。现在不是所有老师都能把课上好，给学生所上的每一节课也不全是好课，老师们上课情况真的不乐观。当老师的一堂课上下来，就要让学生佩服你，要让学生喜欢上你，进而喜欢上你的课。课都上不好，教育的其他方面也就不要谈了。为什么会出现这样的情况，问题也是复杂的，但导向非常重要。现在有很多新的东西层出不穷，这大家都能如数家珍，但确实让人有点眼花缭乱，应接不暇。老师们大都去关注那些新的时尚去了，在玩花样，谁还在意这最普通最平常不过的课堂呢？课堂已成为被遗忘的角落。新的东西好不好？需要不需要？回答是肯定的。但一切教育创新都要以课堂为根本，要扎根课堂。课堂抓不好，老师课上不好，课堂这个根本出了问题，教育创新也就没有意义了，一切也都是缘木求鱼。就像以前人们羡慕山珍海味，现在又回归粗茶淡饭一样，这是一种自然的回归。回归课堂应该是当务之急，老师们不把课上好，课堂教学质量不提高，其他都是空中楼阁。

课堂教学永无止境，所以教学研究也永无止境，听评课也是永无止境的。我们一定要坚持研究课堂，努力把课上好。

总之，我的听评课水平和能力是有限的，我对课堂教学的探知是无限的，我的教研情结也是无解的，做教研人，干教研事，是我矢志不渝的追求。

王兴桥

2018 年 5 月 8 日

研之有理亦有据，
教研之道来自序。
教师天职上好课，
听评课是硬道理。
全科教研乃独创，
钟情教育最关键。
三十五年不懈怠，
我选择来我欢喜。

目
录

研之有理（代序）

第一课 小学美术

为提高合肥市小学美术教师教研、教学能力和核心素养，根据合肥市小学美术骨干教师培训要求，2017年6月23日，在合肥市少儿艺术学校大礼堂举行了隆重的小学美术教师能力素养培训和结业仪式。这次活动安排了一天时间，上午是学术报告，下午是结业典礼。来自全市各中小学校的美术教师、合肥市中小学美术学科带头人和骨干教师以及近两年的骨干教师高研班学员共400多人参加了此次活动。

由于这是在我区举行的活动，所以我就参与了他们下午的活动。内容包括骨干教师课堂教学展示、专家点评、互动交流、总结表彰和结业典礼等。这次活动让我大开眼界，收获颇丰。

在最先进行的课堂教学展示环节，共有3位老师采用无生上课的方式，展示了自己的教学教研成果。来自合肥市莲花小学的吴云侠老师，首先为大家呈现了一节精彩的国画课《娇艳的花》，吴老师现场挥毫泼墨，以精湛的学科素养，为大家展示了小学国画教学的特色与魅力；合肥市海顿学校的王晖老师，为大家展示的是人美版小学美术二年级下册《假如我是巨人》，她利用课件与孩子们喜闻乐见的绘本，一边读，一边看，一边画，为我们展现了美术学科与语文学科整合的有益尝试，令人惊喜；最后来自巢湖市团结路小学的黄滔老师，为大家呈现了人美版小学美术五年级的《色彩的色相》，精彩的课堂，缤纷的色彩，给老师们带来了美的享受和快乐。3位美术老师的无生上课，精彩纷呈，各有特色，让人印象深刻。这里，主要来分析和研究一下这第一节课——《娇艳的花》。

情况介绍

合肥市莲花小学的吴云侠老师，所上的三年级《娇艳的花》这一课，是一节造型表现课。多姿多彩的花，把我们的世界装扮得分外美丽。用中国画的方法来表现花卉，无论是从表现形式上，还是从画面的效果上，都独树一帜，充分体现了中国人特有的情趣和情调。在教学过程中，吴老师带领学生逐步体验中国画的特殊韵味和审美情趣，从而让学生深切感受和体验到中国传统文化艺术的魅力。

对于学生来说，三年级是一个从低年级向高年级过渡的阶段，也是小学阶段中一个比较重要的转折时期。要让他们感受知识的丰富，体验思维方式和学习方法的变化，还是有一定难度的。他们虽然对美术充满兴趣，但好多学生由于贪玩好动，注意力不容易集中，又不善于克服困难，缺少认真、严谨而又务实的精神，所有这些都给老师上课提出了新的挑战。

正因为如此，吴老师才确立了这样的教学目标：从知识与技能角度来讲，要让学生了解表现花卉的一些基本知识，初步掌握花卉的基本画法，感受、体验中国画用笔、用墨和用色的特点。从过程与方法角度上看，要能大胆地运用作画工具和方法，表达色彩的变化效果，并尝试用中国画的技法来展现形象生动的花卉形象。从情感、态度与价值观角度来说，要通过用中国画的方法来表现花卉，进一步认识写意花卉的形式美感，激发学生热爱民族艺术的意识，培养学生关注生活、热爱生活的情感，引导学生在情感体验中提高观察和表现能力。另外，她所确立的教学重点是：要通过对作品的欣赏与分析，以及教师的演示和师生互动，来调动学生学习的积极性，感受、体验中国画用笔、用墨和用色的基本方法和艺术特色。而本节课的教学难点为：引导学生体验和感受颜色的浓淡关系，特别是水分的干湿对表现物象的作用，并在实践练习的基础上，大胆地进行创作。

不仅如此，吴老师还准备了毛笔、墨、国画颜料、宣纸、调色盘、各种花的图片、课件等教具，为无生上课做好充分的准备。

二

无生上课

吴云侠老师《娇艳的花》这节课的具体教学过程，如下表所示。

无生上课的教学过程

教 学 过 程	简 要 点 评
一、创设情景 师：投影出示如下的三幅图片，请学生仔细观察一下，并说一说这几幅画中哪一幅是用了国画的表现手法？ 生：回答（省略）。 师：使用中锋和侧锋的用笔方法，来表现墨色浓淡相融是国画的显著特色。 师：现场用毛笔板书课题——娇艳的花。	老师投影出示这几幅画，让学生来观察，并进行简要的介绍，能吸引学生的注意力，教学效果不错。 吴老师现场用毛笔板书课题，非常让人意外和惊喜，尽管字写得还不是很漂亮，但效果非常好，这也是我第一次见到。

二、新课教学

师：投影出示下图，学生欣赏生活中各种各样的花。

投影图片能调动学生学习的积极性。

1. 你知道的花有 _____
2. 它有哪些颜色 _____

师：说一说你认识哪些花？它们有哪些颜色？

生：回答（省略）。

师：生活中的花是五颜六色的。投影出示下图，让学生观察并欣赏课本中的作品《秋光》和郭怡孮的其他作品。

小组讨论：画家怎样表现出花的娇艳？

能培养学生的语言表达能力，养成良好的观察习惯。

欣赏名画有利于学生的学习。但最好要让学生了解"花"的寓意，问他们喜欢什么，从而进一步激发学生学习绘画的热情。

生：小组观察并讨论。

生：汇报交流讨论情况（省略）。

师：小结——表现花的娇艳需要色彩丰富，处理画面时注意冷暖对比。

师：根据学生回答情况，在黑板上贴出如下卡片。

色彩丰富	冷暖对比

生：参考课本中的提示，尝试画一朵花（省略）。

师：同时投影出示如下图，明确要求。

花朵画法一：
　　用黄加白画出花蕊，然后用红色勾出花瓣，再用淡色渲染花瓣。

叶子的画法：
　　用绿色画出叶子形状。待稍干后，用浓墨勾叶筋。

花朵画法二：
　　用笔调出浅红色，蘸色时笔尖浓笔根淡，将笔放平画出花头，待稍干后再用黄加白点花蕊。

能培养学生观察、分析和语言表达能力。

研讨交流，取长补短，培养学生的合作意识。

突出重点，明确目标，很有必要，效果非常好。

让学生大胆尝试动手画，这非常好。

出示课本内容很有必要，能培养学生的自学能力，养成良好的学习习惯。但最好还能总结一些基本方法，例如"先画花，后画叶"等，从而有利于学生的学习。

师：对学生作品进行展示和点评（省略）。

优点——中锋用笔，线条流畅，侧锋画出的花瓣比较大，色彩有层次感。

师：你在画花的时候遇到什么问题？再挑选两幅画得不好的画，进行指导（省略）。

① 水分太多，画面洇了。

② 水分过干，线条干枯，运笔不流畅。

师：总结提示如何控制笔中水分小技巧（省略）。

师：播放微课，学生观看并探究花的不同画法。

① 勾勒法（先染后勾、先勾后染）；

② 没骨法。

师：找同学合作，师生一起尝试来画一画。

生：画一个半成品的画。

师：请同学们说一说自己的感受。

生：回答（省略）。

师：现场示范补充（在学生半成品画的基础上），继续添加荷花图（省略）。并在绘画过程中讲解如何处理画面（省略）。

生：用自己喜欢的画法，画出娇艳的花。并投影出示如下的作业要求。

① 大胆用笔，注意控制水分；

② 颜色鲜艳，色彩搭配合理；

③ 注意花的疏密、高矮、大小和前后关系。

生：以小组为单位，推举一张代表作品进行交流展示。

老师的点评恰到好处，很有针对性，不可或缺。

加大对比力度，很有必要，也非常好。

微课教学非常有效，对学生很有吸引力。但这两种方法没有对比，值得商榷，应该让学生明确它们的区别。

师生共同画画非常好。

老师示范补充，效果很好。展示了老师的自身素养。

提醒学生注意，很有针对性。

生：分组展示作品（共四幅），学生介绍自己的作品或点评自己喜欢的作品。

师：师生互动点评（省略）。老师在点评中指出如何处理画面。

三、拓展延伸

师：投影展示如下图片，并逐一介绍其他艺术形式所表现出来的花。

作品展示，师生互动点评，教学效果不错。

拓展延伸点到为止，能开拓学生的视野，恰到好处，也非常吸引人眼球，效果比较理想。

玉雕

工笔

铁画

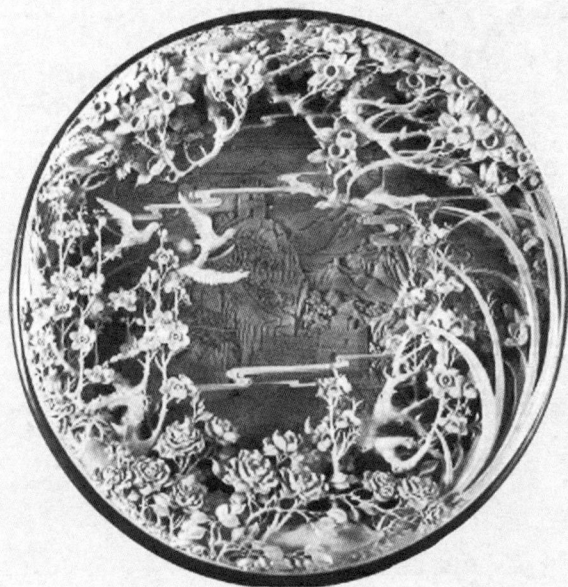

木雕

学生观看后，最好能让他们谈点感受，从而一举多得。

四、归纳总结

师：大家作品中的花真是姿态万千、娇艳无比的，老师相信用这些花来点缀我们的家园，肯定很美丽。你们也是祖国的花朵和未来，请用今天我们学到的知识来装饰、点缀我们的生活，让世界更美丽，生活更精彩。

　　下课！

三

听课感悟

　　对于这节课来说，老师的教学还是非常好的。不仅教学手段的运用恰到好处，而且教学方法和过程扎实有效，教学设计和处理让人耳目一新，老师素质不错，教学素养比较高。这节课让我印象深刻的有四点：一是吴老师用毛笔现场板书课题，非常吸引人们的眼球，我也是第一次见到，效果不错。二是吴老师制作的课件和微课非常好，让人惊艳，对学生也很有冲击力。三是吴老师的现场作画和修改完善学生的作品，让人惊喜和意外，这很有价值。四是后面的拓展延伸恰到好处，有利于学生的发展。

　　但说实话，我个人认为也存在一些问题，也是需要老师们去研究和完善的，一方面要加大"对比"的力度，特别是对于勾勒法和没骨法这两种方法，一定要加以对比。只有加以对比，学生的印象才能深刻，否则学生就难以区分，至少对于我这样的准学生来说，是没有完全搞清楚的，也是稀里糊涂的。另一方面，在教学过程中，老师有一点没有强调到位，就是"搭配"问题。搭配在绘画中是非常重要的，怎么搭配才能让花卉更娇艳更好看呢？为此，就要关注花的大小、疏密、高矮、浓淡、前后关系等，这一点老师忽视了。本节课，如果能在这两点上加以完善，那教学效果将会更好，也会更精彩。

　　美术教育所承载的不只是知识与技能的传授，更是对人类优秀文化的浸润。这一天的活动，既在艺术教育思想上对一线中小学美术教师进行了专业引领，又在教学教研成果上展示了合肥市美术教师的风采。相信通过此次培训和学习，我们的中小学美术教师一定能集思广益，在实践中探索，在实践中提升，优化教育教学方式，为合肥市美术教育事业和自身的发展奠定坚实的基础。

四

注意问题

"无生上课"现在已成为各类教研活动和教师培训的一种新形式，也是教学评比和招考教师的一种新方法。大家都经常见到，有的老师已经轻车熟路了。但无生上课和有生上课、说课等还是不完全一样的。为此，特别要注意以下几个方面的问题。

一是"自导自演"的问题。无生上课就老师一个人，你既是导演，又是演员，需要你自导自演。"导"问题不是很大，这跟平时上课差不多，问题就出在"演"上。这里又包含两个方面的问题，一是怎么样"演"？二是在"演"和"导"的转换上面，怎样再自然、贴切而又真实一些。这是我听课中发现的最主要问题，值得老师们去关注和研究。

二是学生"说"的问题。无生上课因为现场没有学生，有的老师不会安排学生的说，或者说不会发挥学生的主体作用。例如说，无生上课很多老师都会使用多媒体技术，或放一些图片，或放一点微课给同学们观看，这很好也很有必要，但老师放完之后不会和学生进行互动交流，也不会问学生一些问题。例如可以问：你看到了什么？想到了什么？你有什么想说的？等等。这些带有启发性的问题，对于无生上课也是不可或缺的，也能展现老师的教学理念。

三是"外行"听课的问题。受场地、空间的限制，由于无生上课没有几十个学生来上课，这样来听课的老师就有可能多一些，只要有时间，老师都可以来听一听，因为能够坐得下了。既然这样，就有可能来一些非本专业学科的老师，也就是说，可能有一些"外行"的老师来听课，来观摩和学习。那么怎样让这一部分的老师也能有所收获，也能听懂，这在课前准备时，也要有充分的考虑和预案，这样教研效果就会更好一些。

四是一些"细节"问题。无生上课有表演成分在里面，这不可回避。但切忌做作，要自然大方，认真对待。你眼中要有学生，要和听课老师有眼神交流；你眼里要有爱，要充满着对学生对教学的爱；你语言要亲切，要注意抑扬顿挫，做到活力四射；你教态要自然大方，要学会用肢体语言表达你的情感。有的教师上这种课，由于没有学生而显得无所适从，神情紧张，如临大敌，不够自信，那效果就会大打折扣。无生上课，千万不能忽略"学生"的存在，该讲解的讲解，该停顿的停顿，该反馈的反馈，该有的过程一定要有，只是时间不能太长。你还要创设新颖的教学情境，精心设计导语和过渡语。你要适当挖掘和拓展教材深度，体现自己的水平和风采。你要扬长避短，特别是恰当地展示自己的专业技能和特长。这样不仅能活跃无生课堂的气氛，也能吸引人们的眼球，一举多得。

总之，无生上课是一种模拟课堂教学情景下开展的准教学活动形式，是教师根据事先设计好的教学方案，在没有学生的情况下，面对听课老师和专家来上课。无生上课因为没有学生，一般就没有什么障碍，一切尽在教师掌握之中，你可以把最理想的课堂设计充分展示出来。但是无生上课由于没有课堂实景，是教师一个人的独角戏，不能和学生面对面交流沟通，只能自问自答，乐在其中。因为没有真实的课堂氛围，所以有的老师就不是很适应。为此，必须要努力做到：首先要有一个优质的教学设计。教学设计就是一个脚本，好的教学设计要有创新意识，体现以学生为主、合作学习的教学理念，教学目标要明确清晰，教学环节要合理科学，环环相扣，过渡自然，连贯顺畅。其次，要展示扎实的教学基本功。要有较好的学科素养，知识储备充分，表达能力较强，并能掌握一定的现代教育教学技术。第三，课堂重难点要突出，尽管不需要面面俱到，但教学重难点还是要突出的。围绕教学重点难点要设计一些有价值的问题，师生互动要自然流畅，评价要中肯得体。第四，气质形象要好。要注意肢体语言的运用，如目光、表情、手势、动作等，要合情合理，适度得体。要注意展示自己靓丽的一面，如板书、口才、组织才能、教学环节的设计等。最后，就是教学环节之间过渡要自然流畅。要有完整的教学过程呈现，要有始有终，环节之间要停顿几秒钟，才可进入下一环节，开始说"上课"，结束要说"下课"等，这些教学细节也是要关注的。

结尾诗

小学美术搞培训，
无生上课来教研。
莲花小学吴老师，
造型表现中国画。
认真准备巧设计，
目的明确很有效。
美丽动人娇艳花，
精彩绽放促成长。

第二课　小学数学

2017 年 2 月 22 日上午，我参加了在合肥市琥珀名城小学举行的一次小学数学教研活动。这是寒假开学后的第二周，人们还沉浸在春节的喜庆气氛之中，我们就深入学校听课了。那是因为该校丁元春老师要代表我区到黄山市上一节公开课，这是一次试教，想让我们把把关，所以我就来听课了。

这次教研活动虽然规模不大，但确实很重要。我们总共听了两节课，下面主要介绍丁老师的这节课，他上的是苏教版《数学》四年级下册《多边形的内角和》这一课。

丁元春是我区一位年轻的小学数学老师，教学素养很高，虽然教龄并不长，但他多次在合肥市、安徽省乃至全国小学数学课堂教学评比中取得过优异成绩，为我区争得了不少荣誉，前途无量。小丁老师做什么事都非常认真，上课也不例外。

一

课前准备

为上好这节课，他课前做了认真的准备和思考。他认为：《多边形的内角和》是苏教版教材四年级下册探索规律的专题内容。自 2013 年教材修订后，很多老师都进行过大胆的尝试与探索。经过深入地研究和分析，他发现在众多的教学实践中，存在以下问题：一是注重多边形的三角剖分，而忽视探索规律的方法；二是注重让学生得到规律性的结果，但不注重学生真实的探究过程；三是注重多边形分割方法的指导与优化，但常常忽略学生对求和方法真实的选择，不能顺应学生真实的思维节奏。

为此，他还积极思考着以下问题：一是《多边形的内角和》的核心知识到底是什么？二是探索规律的方法和多边形的分割方法哪个更重要一些？三是探索规律的过程是怎样的？是不是应该这样——根据研究的数据观察发现得到猜想，然后进行进一步的理性思考与追问，进而发现规律本质。探索的起点又在哪里？"猜想"和"行动"孰前孰后？合情推理与演绎推理的关系又该如何处理。四是学生真实的探究过程是什么？难道是这样——通过四边形内角和的研究，对求和方法进行优化，接着利用优化的方法研究其他多边形，最后观察得出结论。真实的研究应该是在未知中进行探索，儿童需要经历观察、发现、猜想、验证的过程，我们是不是应该给学生更大的空间呢？五是"从任意一个顶点与不相连的其他顶点连接，分割成若干三角形"，这种分割方法真的是最优的吗？学生对这种方法，是主动选择还是被动接受？我们是否有过度设计的嫌疑。六是真实的研究是什么样子？是主动探索还是被动研究？是先有目标再有过程，还是先有过程再有目标？是该顺应儿童学习进而激发和引导，还是传授技巧与暗示结论呢？等等。

经过一系列的深度思考，他认为：《多边形的内角和》一课具有很高的研究价值，为了让学习真实发生，让"真实的学习"发生。他确定的教学目标是：首先使学生通过操作、观察等具体活动，探索并发现多边形的内角和所蕴含的规律，知道多边形的内角和与边数之间的关系。其次使学生经历探索的全过程，积累探索和发现数学规律的经验，发展空间观念，体会转化和数形结合的数学思想，培养动手操作和推理能力，发展理性思考。最后使学生在参与活动的过程中进一步产生对数学的好奇心，感受数学学习的挑战性和趣味性，增强学好数学的信心。他还认为，本节课的教学重点是——"探索并发现多边形的内角和的规律"，教学难点是——"感受规律探究的一般过程和方法"。另外，课前除了精心设计相关课件外，还为每个学生准备了一个学具袋和一份学习材料。

二

教学过程

正是基于以上的思考和研究，他进行了一些大胆的尝试和创新，精心实施了如下的教学过程。

《多边形的内角和》教学过程

教 学 过 程	简 要 点 评
一、导入新课 师：猜谜语的游戏玩过吗？ 生：玩过。 师：现在我出题你们来猜，敢不敢挑战一下？ 生：敢！ 师：一闪一闪亮晶晶，璀璨光芒似水晶，价格更比金子高（打一物品）。 生：钻石。 师：到底是什么呢？瞧，恭喜你们答对了。（投影出示如下图片）看到这些美丽的钻石，你有什么想说的？ 	导入新课简洁明快又有趣，并且能够围绕中心，服务于教学目标。 让学生猜想非常好，能调动学生学习的积极性。 此处图片很是吸引人。

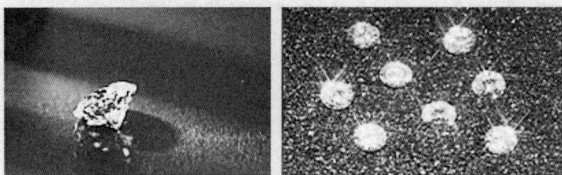

生：好漂亮（生感叹）！

师：其实早在 1 300 年前人们就发现，通过切割能够让钻石变得更加流光溢彩。我们今天看到的钻石往往被切割出 20 多个多边形的面，每个表面都闪烁着，也变幻莫测。那么，组成它们的多边形有着怎样的特别之处呢？今天我们就一起来探索钻石闪烁的秘密，一起来研究多边形的内角和。

师：板书课题——多边形的内角和。

师：多边形的内角和蕴含着怎样的奥秘，你们准备怎么研究这个问题呢？

生：可以画一个多边形，然后求出它的内角和。

师：我明白你的意思，看来我们首先就要去求多边形的内角和。探索规律我们需要用数据来说话，那么，你认为应该从几边形开始研究呢？

生：先研究四边形。

师：为什么？

生：从简单的开始。

师：为什么不先求三角形的内角和呢？

生：因为三角形的内角和是 180°，我们都知道了。

师：还记得我们是怎样得到三角形的内角和的吗？

拓展介绍恰到好处，也非常得体、自然。

有点牵强，也不是这节课要研究的问题，板书美观大气。
过渡引导很有必要。

抛出问题及时有效。

此处师生互动自然流畅。

生：剪拼、先量角再求和。

师：根据学生回答情况，依次投影出示以下方法。

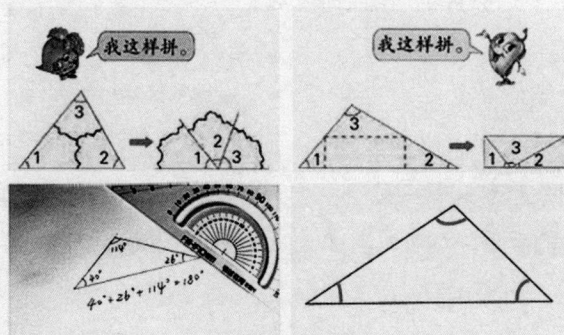

师：无论是先量角再求和还是剪拼，我们都可以得到三角形的内角和等于180°（板书：三角形180°）。所以我们今天就从相对简单的四边形开始。

二、学生探究

1. 四边形的内角和

师：四边形的内角和可能是多少度呢？同学们可以先猜一猜。

生1：360°。

生2：360°。

师：咦，大家怎么都猜是360°，为什么？

生1：因为长方形和正方形的内角和都是360°，所以我认为四边形的内角和是360°。

师：能够从长方形和正方形这样特殊的四边形想到一般的四边形，很善于思考。

生2：四边形可以分成2个三角形，2个

17

180°就是360°。

师：很有价值的想法，四边形的内角和是不是360°呢？下面，请大家拿出学具袋中的四边形，利用手头上的工具，试一试能否求出四边形的内角和。

生：独立探究，全班交流（省略）。

师：我发现同学们太了不起了，出现了各种不同的方法，下面就让我们一起来分享一下。

生1：我先量出四个角的度数，然后再求和，结果是360°。

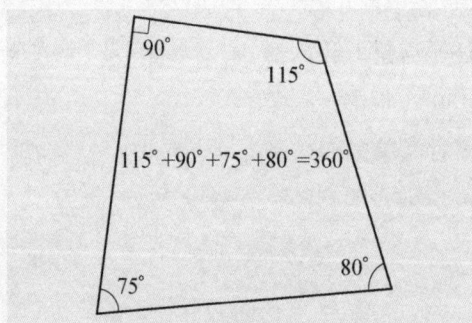

$$115°+90°+75°+80°=360°$$

师：大家都听清楚了吗？有没有什么问题呢？

生2：我也是用测量的方法，我得到的结果是354°。

生3：我也是同样的方法，结果是357°。

师：对啊，这到底怎么回事啊？

生4：那是因为测量的时候可能会量错或者有误差。

师：先量角再求和，这种方法肯定可以。在测量的过程中，出现误差也是正常的。

生5：我把四边形分成2个三角形，所以2个180°就是360°。

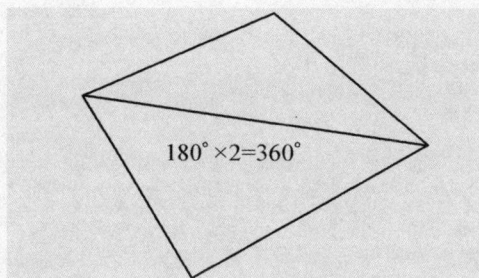

180°×2=360°

师：你们觉得这种方法怎么样？

生：（鼓掌）赞同。

生6：我把四边形分成了4个三角形，所以4个180°就是720°。

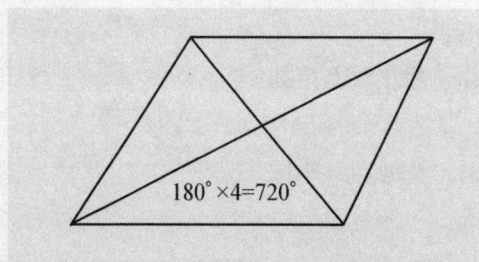

180°×4=720°

师：难道四边形的内角和还是不确定的？

生7：他多算了360°，应该用720°减去360°，还是360°。

生8：其实四边形能够分成无数个三角形。

师：你认为还可以继续分，现在让我们比较一下几位同学的研究结果，你有什么发现？

生：尽管四边形的形状、大小都不相同，验证的方法也不相同，四边形的内角和都是360°。

学生第一次探究四边形的内角和，就应该发散一点，学生想法越多越好。作为年轻老师，能如此设计是非常好的，也让我意外和惊喜。

为什么？可以让学生再充分地说一说理由。

这里老师没有抓住（也有点难），忽视并放弃了，着实可惜。

如此引导很有必要。

让学生总结归纳，这非常好。

19

2. 五边形的内角和

师：还需要接着往下研究？

生：要！

师：只根据四边形的内角和，能否总结出多边形内角和的规律呢？

生：不行。

师：为什么？

生：只用一种图形，不科学。

师：看来我们要得到科学的结论，需要足够多的数据来分析。好的，咱们继续研究，接下来我们该研究几边形？

生：五边形。

师：请同学们拿出五边形，你能根据已有的知识和经验，求出五边形的内角和吗？试一试。

生尝试活动后交流，教师用手机拍照上传如下所示。

生1：我把五边形分成一个三角形和一个四边形，$180° + 360° = 540°$。

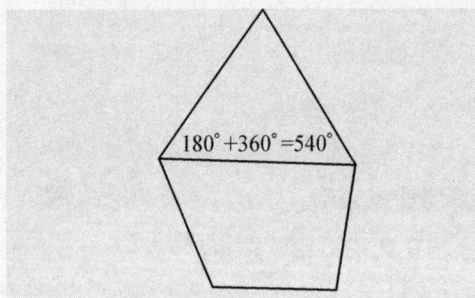

生2：我把五边形分成3个三角形，3个 $180°$ 是 $540°$。

老师用手机将学生探究情况拍照下来，再上传到大屏幕上，这样分析讲解起来就非常方便，教学效果非常好，更让我惊喜。

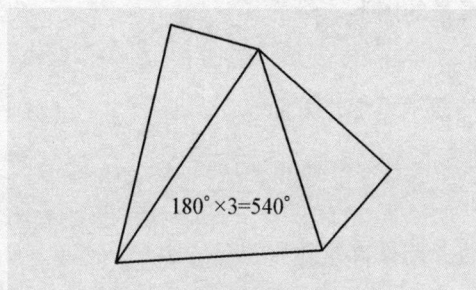

$$180° \times 3 = 540°$$

生3：我还可以把五边形分成2个四边形，360°乘以2再减去180°，就是540°。

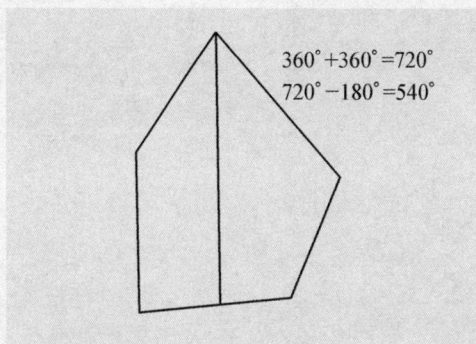

$$360° + 360° = 720°$$
$$720° - 180° = 540°$$

师：有没有人用剪拼的方法？为什么不用？

生：剪拼比较麻烦。

师：先量角再求和呢？

生：先量角再求和很麻烦，也容易出错。

师：其实剪拼和量角也都是可行的方法，不过我们研究问题的过程，也是逐步优化方法的过程。

师：比较一下，3种不同的方法有没有什么相同之处？

生1：虽然方法不同，但结果是一样的，五边形的内角和是540°。

学生在探究五边形的过程中，也出现了多种方法，和探究四边形时相类似。但老师在这里一定要收一收，要拔高一下。即用分成几个三角形的办法要好一些、科学一些。否则，如果只放不收，五花八门，那教学效率就不高，老师的作用就体现不出来了。例如学生在下面探究"其他多边形的内角和"时，也出现各种情况，就有点重复和不简捷了。

生 2：都是转化为我们学习过的图形，然后再求和。

师：转化是一种非常重要的数学思想，下面就让我们带着刚才的收获继续研究。

3.其他多边形的内角和

师：请同学们拿出学习材料，用你喜欢的方法，分别求出六边形、七边形的内角。

生探究、交流汇报如下（教师依次上传以下几种方法）。

方法一：

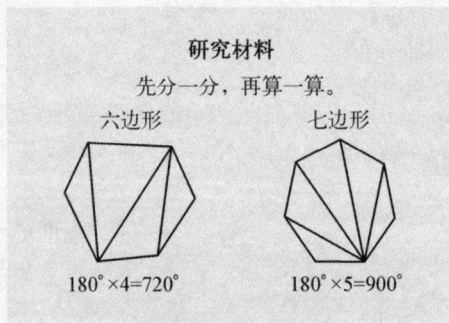

研究材料

先分一分，再算一算。

六边形　　　　　七边形

$180° \times 4 = 720°$　　　$180° \times 5 = 900°$

方法二：

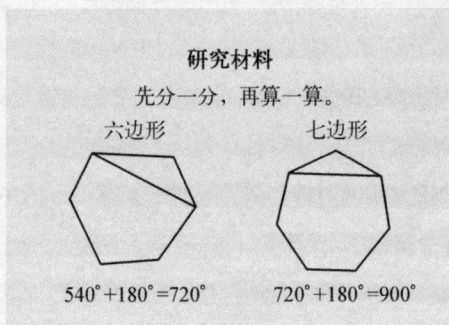

研究材料

先分一分，再算一算。

六边形　　　　　七边形

$540° + 180° = 720°$　　　$720° + 180° = 900°$

方法三：

当然，老师是在上面"收一收"，来为后面总结求多边形内角和的一般方法做准备，还是放在这里来"收"，也是值得研究的。但不管怎样，"收"是必须的，也是教学的必然。否则，对学生的发展是不利的。

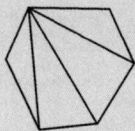
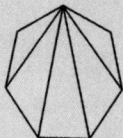

研究材料

先分一分,再算一算。

六边形   七边形

180°×4=720°   180°×5=900°

方法四:

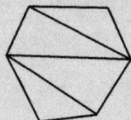

研究材料

先分一分,再算一算。

六边形   七边形

180°×4=720°   180°×5=900°

生:不同的方法得到的结果都是一样的,六边形的内角和是720°,七边形的内角和是900°。

三、归纳结论

师:经过刚才的探索,我们得到了许多多边形的内角和。结合探究结果,依次贴出如下卡片,并完善板书。

多边形的内角和

多边形	内角和
三角形	180°
四边形	360°
五边形	540°
六边形	720°
七边形	900°

板书设计独具匠心,能有效地总结多边形内角和的规律,也非常有利于学生的学习。

师：认真观察这些多边形的内角和，你有没有什么发现？

生1：内角和越来越大。

师：那你认为多边形的内角和与什么有关呢？

生1：边数。

师：那我们把边数也写出来（板书：边数3、4、5、6、7如下图所示）。

师：继续观察，内角和的变化还有什么规律？

生2：每次都增加180°。

师：有意思！多边形的内角和跟180°有什么关系呢？我们一起来看一看。

生3：三角形内角和就是180°×1，四边形的内角和就是180°×2……

师：根据学生回答情况，调整板书如下所示（适时翻动卡片——将度数卡片翻过来）。

此处翻动卡片既有趣又有效，非常好。

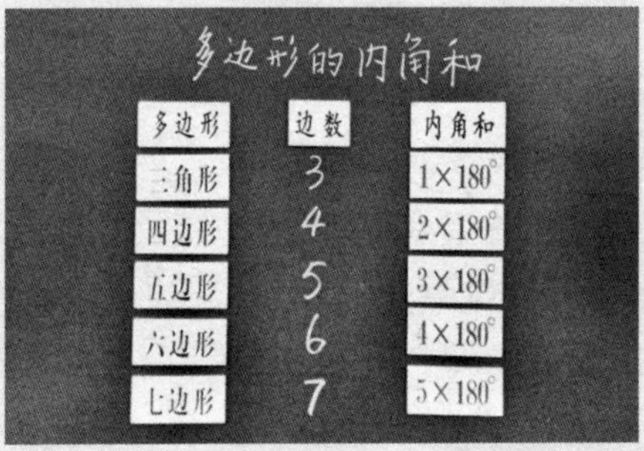

师：那么多边形内角和与边数到底有什么关系呢？认真观察研究得到的数据，先自己想一想，然后把你的想法在小组里交流一下。

生：多边形的内角和=（边数-2）×180°。

师：能结合这里的例子具体说说吗？

生：三角形的边数是 3，3-2=1，所以就是 $1 \times 180° = 180°$……

师：照这样下去，如果是 n 边形呢？

生：$(n-2) \times 180°$（教师完善板书——贴出卡片，如下图所示）。

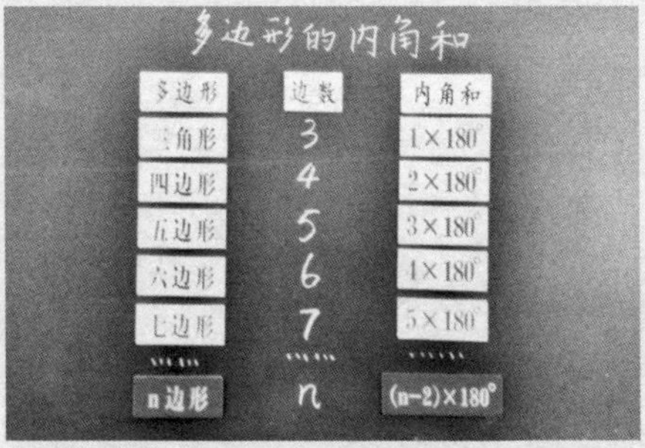

师：n 表示什么？

生：多边形的边数。

师：这里 n 可以是哪些数呢？

生：大于 2 的整数。

师：这个结论只是我们研究刚才这几个多边形得到的结论，所以只能说是一个猜想。这个猜想到底对不对呢？你们能想办法验证吗？准备怎样验证呢？

生：再多画几个多边形，求出它们的内角和，看看可符合我们刚才的发现。

师：挺好的方法，但这样的多边形能画完吗？

生：不能。

师：有没有其他的方法来验证呢？借助图形，根据刚才我们分割图形的经验先想一想，然后在小组里商量一下。大家可以任意选择一个多边形来说明为什么多边形的内角和等于边数减 2 乘以 180°。

生：我们发现任意一个多边形都可以像这样分成若干个三角形，三角形的个数比边数少 2，所以多边形的内角和 =（边数−2）× 180°。

师：为什么边数要减去 2？

生：因为三角形的个数比边数少 2。

四、感悟提升

师：通过今天的研究，我们发现了多边形内角和所蕴含的数学规律，但对于内角和的研究并没有结束。其实还有很多人也为了研究多边形的内角和还从其他的角度进行了研究，想不想一起看一看？

生：想（满怀期待地说）。

师：比如，有人就从多边形内部点上一点，分别与各个顶点相连，这样就分成了若干个三角形，进而可以求出多边形的内角和。

师：这种方法又会得到什么样的结果呢？如果把中间的点放在其他位置呢？同学们可以大胆地想一想。如果移到图形外面是否可以？投影分别出示如下图所示。

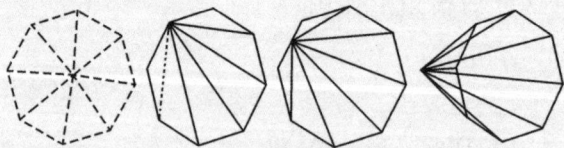

师：在大家的共同努力下，我们一起探索并

了，也理解了。

拓展提升很有趣，也有必要。但一定要把握好一个度，千万不能为了拓展而拓展。这里有点难。

发现了多边形的内角和所蕴含的规律，回顾探索规律的过程，你觉得探索规律有没有什么方法可循？

生：自由交流（省略）。

师：与学生共同整理，并板书如下。

数据——观察——猜想——验证

师：通过这节课的学习，你一定有不少收获。还记得课前那些美丽的钻石吗？

总结方法是很有必要的，效果不错。

生：记得。

师：多边形让钻石流光溢彩、每个面都变幻莫测，而多边形本身就像是数学世界中的钻石，蕴藏着许多奥秘，未来我们还将继续探索。

下课！

前后呼应很有必要，但合理性值得商榷。

三

点评指导

最后，我在点评指导时主要谈了三个方面的问题：一是关于明确概念的问题。一方面在本节课中，关键要强调的是"内角"，一定要让学生明白是"内角"和，而与外角没有任何关系，这里不能模糊概念。当然，外角的问题不是这节课的内容，也不需要对学生明说，但老师心里要有数，这样才能更有针对性。另一方面，就是"和"的问题，要让学生明确是内角的"和"，而不是其他。二是关于老师的作用问题。这节课的学生很优秀，思路发散，想象力很丰富，这非常好，也不是坏事。学生想到用各种方法来求多边形的内角和，但老师应该怎么办，要干什么，老师的作用是什么。对此老师一定不能放任不管，而要把学生的想法拎一拎，收一收，把思路理一理，该提升的要提升，该拔高一下要拔高。也就是说，要以三角形为基准来归纳结论。到最后，一定要让学生明白多边形要分成三角形来求内角和要好一些，方便一些，科学一些，而不是其他。如果不是学生厉害，后面就会很麻烦。三是关于一个疑难问题。老师在讲四边形的内角和时，有一个小男孩就说道："可以把四边形分成无数个三角形来求。"老师不置可否，怎么办？实质上，这个小男孩说的完全正确，只是一时还没有办法解释清楚而已，就是解释了，学生也不一定能听得懂。但这也不要紧，老师你必须要搞清楚，弄明白，更不能稀里糊涂、模棱两可。否则，对学生来说就有百害而无一利。

四

课后研究

为什么说这个小男孩说的完全正确呢？听完课回来之后，小男孩提出的那个问题一直在我的脑海中挥之不去。为此，我进行了深入细致地分析和研究，具体情况如下：

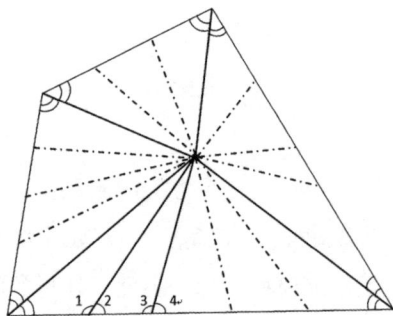

在上图中，四边形被分成 n 个三角形后，这 n 个三角形的内角和的度数就是 $180° \cdot n$。因为除了原四个角被分成八个角外，其他相邻的两个角，如 $\angle 1$ 和 $\angle 2$，$\angle 3$ 和 $\angle 4$ 等，它们两两的和都是 $180°$，即 $\angle 1 + \angle 2 = 180°$，$\angle 3 + \angle 4 = 180°$，等等。像这样两两能组成一个平角的角，就共有（$n-4$）对。另外，四边形内部那个点的周围的所有角的和是一个周角，即 $360°$。因此，这个四边形的内角和就应该为：

$180° \cdot n - 360° - 180° \cdot (n-4) = 360°$，也就是说，这个四边形的内角和就是 $360°$ 了。这个小男孩的想法虽然复杂了一点，但也是对的，也是值得我们去反思和研究的。这里需要补充说明的是，在上面的算式中，$(n-4)$ 是针对四边形来说的，如果是五边形六边形呢，那就要减 5 或者减 6 了。也就是说，是几边形这里就要减几。所以说，这个小男孩的说法是可以通用的，也完全正确。

当然，这个小男孩有可能只是随便一说，他自己也不一定清楚，有可能只是一种猜想，或者是碰巧蒙对了。但对于我们小学数学老师来讲，还是很有研究价值的，我们千万不能把类似的这些话当成耳旁风，无所谓。这为师生共同成长也提供了有利的契机，就看我们能否抓住了。否则，就浪费了一次很好的专业发展的机遇，那是很可惜的。但也必须要明确的是，对于以上的分析和研究，不一定要对学生讲，就是讲了，他们也不完全能听得懂。尽管如此，我们老师一定要做到心中有数，否则，你就是不称职，你上起课来就会不顺畅，也不自信了。

五

教者留言

我将丁元春这节课作为一个典型案例来加以分析和研究，深受启发。该案例我总共整理、修改了好几遍，期间，我还反复与丁老师进行沟通，共让他校对了两次。我对他的要求非常高，在整理、修改和完善的过程中，再三叮嘱他："一定要认真修改，要还原真实场景、真实过程……我要的是真实的课，原汁原味的课。"最后，在让他定稿确认时，让我非常意外和惊喜的是，他还顺便发来了如下的话：

王局长您好！根据您之前发给我的现场记录并结合学校其他同事们的听课笔记，我又检查了两遍，感觉基本能够反映当时的真实现场，对于您的文稿，我没有多大改动，个别修改的地方也已用红色字体标注，请您注意查收。

透过您的文字，再次回到现场，满满的都是感动。脑海中不由自主地浮现出很多"第一次"。记得 2008 年第一次新教师入职，您给我们培训，告诉我们选择瑶海是正确的；2013 年我的第一次中层干部谈话，您给我们谈话，告诉我们要爱岗敬业，以身示范；2014 年第一次您走进我的课堂，我在蚌五小执教《加法运算律》，您给我的鼓励与肯定一直伴我前行，还有很多很多的第一次……每一次我都铭记于心。在工作中，您是领导；在教学中，您是前辈；在生活中，您是长辈；其实更重要的是，于我而言，您就是那指路人，不，是引路人，不仅告诉我该往哪走，还带着我一起走，送我一程又一程，仿佛茫茫大海上的一座灯塔，照亮了我前行的路。

话说到此，第一次体验到语言和文字的无奈，因为它们无法完全表达我的内心情感，小丁唯有借此祝您身体健康，万事如意！

看了这段话，我激动不已，思绪良多，也久久不能平静……

结尾诗

小学数学多边形，
年轻教师丁元春。
无限风光在前头，
专业发展未来人。
内角之和思维美，
师生互动很积极。
探究教学真美妙，
出彩人生为学生。

第三课　心理健康教育

　　合肥市瑶海区教育体育局有一项重要的传统赛事，就是每两年举办一届的全区课堂教学评比活动。早在 2002 年，我们就开展了"瑶海区首届中小学、幼儿园教师课堂教学评比"活动。这项评比活动与新课改同步推进，十几年来从未间断过。到目前为止已连续成功地举办了八届，培养了一大批骨干教师。而且从 2006 年的第三届开始，我们又增设了一项——"校级领导课堂教学评比"，并融入其中，同步推进，到今年也已举办了六届。这在合肥市乃至安徽省都是一个创举，得到了上级教育主管部门领导和专家们的充分肯定，也取得了明显成效。

　　这项大规模评比活动共分为三个阶段来进行。第一阶段就是校级预赛。凡符合评比条件的教师，都要参加所在学校的评选活动，学校在综合评定的基础上，推荐上报参加区级各学科、各组别评比的人员。第二阶段是区级决赛。区教研室对各校上报的人员分组别、分学科进行评比，从而决出最终名次，并对优胜者予以通报表彰。第三阶段就是成果展示。我们将从区级决赛中挑选优秀的和具有代表性的教师和领导，在全区范围内开展课堂教学展示、观摩和研讨活动，从而加以推广。这项评比活动，规模之大，时间之长，影响之深，是其他活动都无法比拟的。因为每届参加区级决赛的教师就达 500 多人，占全区教师的六分之一还强。可想而知，参加校级预赛的教师人数就更多了，几乎是全覆盖。每届评比活动因为要分三个阶段来开展，所以通常都要跨年度进行，头一年比赛，第二年展示，接着又进入了下一轮的循环。对于这样大规模的课堂教学评比活动，老师们都很看重，积极性和关注度都很高，也期待取得好的成绩。

2017年5月11日至12日，我区在合肥市少儿艺术学校隆重举行心理健康教育课堂教学评比决赛阶段的比赛。从当前心理健康教育的现状来看，各地发展还很不平衡，有的地方甚至才刚刚起步。为了适应心理健康教育发展的需要，这次我们首次将心理健康教育课堂教学评比融入"大部队"，纳入到我区大规模课堂教学评比之中。实质上，心理健康教育课堂教学评比活动在我区已成功举办了三届，只不过之前的两次评比活动，都是本学科独立操作完成的，没有融入"大部队"而已。从今年开始，就统一到全区课堂教学评比活动之中了。

本次心理健康教育课堂教学评比活动的决赛阶段，还分为两轮来进行。第一轮是说课评比，共有22位教师参加，从中择优挑选出12位教师进入下一轮比赛。这第二轮也就是上课比赛，采用现场上课的办法，最终决出一二三等奖。在第二轮比赛中，也就是5月11日的上午，我忙里偷闲去听了两节课，一节是由合肥市螺岗小学刘欣老师上的四年级《走进记忆王国》一课，还有一节是合肥市行知学校徐慧玲老师上的三年级《做时间管理的小能手》一课。下面主要针对刘老师的这节课，来进行分析和研究。

一

情况介绍

刘欣是语文老师，因为有心理咨询师资质，所以在学校平时她还兼上心理健康教育课。刘老师选用的是安徽教育出版社心理健康教育教材——《走进记忆王国》这节课，最终获得一等奖第一名的好成绩，可喜可贺。

她设计这一课的基本理念是：因为记忆是学习的重要历程，而小学四年级又是学生记忆力发展的重要阶段，如果在这一时期有意识地对学生加以科学的引导，帮助他们掌握一定的记忆方法，优化他们的记忆策略，就有助于学生提高学习效率，增强自信，并为以后的学习奠定良好的基础。

为此，她确立的活动目标是：一要通过活动，让学生初步懂得和讲究记忆方法，并掌握其方法；二是要让学生在交流与小组合作中，了解并运用一些简单实用的记忆方法，体验"巧记"的乐趣；三是通过活动，培养学生善于观察、乐于记忆的良好习惯。本节课活动的重点是：引导学生学习记忆的一般规律，并在学习中应用。而活动的难点则是：培养学生善于观察、乐于记忆的良好习惯。

从教学实践来看，她的设计理念和所确立的活动目标，还是符合学生实际的，活动的效果也是好的，特别是学生能够积极参与其中，也乐在其中，这是值得肯定的。

二

活动过程

刘欣老师所上的《走进记忆王国》一课的具体过程，如下表所示。

《走进记忆王国》活动过程

活 动 过 程	简 要 点 评
一、热身活动 　师：今天大家能和我一起走进记忆王国吗？ 　生：能（齐答）。 　师：上课之前我们先玩一个小游戏。游戏规则是这样的，叫做"正话反说"。比如老师说"高兴"，你就回答"兴高"。简单吧，我们来试一试。 　生：简单（齐答）。 　师：晴天。 　生：天晴（齐答）。 　师：都答对了。再来，"星期四"。	热身活动非常有趣，是紧紧围绕活动目标来开展的，干净利落，针对性也比较强，学生的积极性非常高，活动效果比较理想。

生：四期星（齐答）。

师：再来，难度加大一点，"少儿艺校"。

生：校艺儿少。

师：没难住大家啊，再提高点难度，"我是刘老师"。

生：尝试回答（有点难）。

师：我来问一下刚才答对的同学，你们怎么能正确地将正话反过来说呢？

生自由交流（省略）。

师：看来不仅要听，还要记。刚才有的同学没能回答出来，看来每个同学的记忆都不同，每名同学的记忆方法也不一样，好的记忆方法可以事半功倍，能让我们记住更多的内容。那么，今天我们就一起走进记忆王国，去寻找记忆宝藏。

师板书课题——走进记忆王国。

二、制定规则

师投影出示《藏宝图》和"寻宝规则"如下。

今天就是星期四，很有针对性。下面的问题也是的，难度也在逐渐加大，这非常好。

这里可能不仅仅是记忆的问题。

老师小结非常有必要，效果不错，也为引入新课奠定了基础。但怎么表述更好、更科学一些，还值得推敲和完善。

导入新课比较有效，简捷明快。

出示《藏宝图》非常有趣，也很有吸引力。但此图可能是下载的，这就欠妥当。因为存在知识产权的问题，老师们必须要引起足够的重视。

夺宝规则

收起你的笔，开动小脑筋。

积极参与，遵守纪律。

认真倾听，举手发言。

出示夺宝规则很有必要，能够引起学生的注意。但具体的内容不像是"规则"，倒像是"注意事项"，提醒同学们要注意的一些问题。

三、探寻宝藏

1.活动一：蹚过"记忆河"

师投影出示如下要求。

蹚过"记忆河"

要想在我这里得到记忆的秘诀，必须在30秒钟内记住每个数字对应的身体部位！

提出要求很有必要。

师再投影出示如下，要求学生在30秒内记住数字和对应的身体部位。

摸头顶，这是1；碰眼睛，这是2；

捏鼻子，这是3；指嘴巴，这是4；

拉耳朵，这是5；摸脖子，这是6；

拍肩膀，这是7；揉肚子，这是8；

拍大腿，这是9；敲膝盖，这是10。

生听数字，指位置（省略）。

此处活动学生能够积极参与，也比较有趣，效果不错。但要关注后进生的学习情况。

因为让几个学生来依次"指位置"时，上面的投影已关掉了（不让学生看到），所以其他同学和听课老师，就不一定完全知道学生"指"

得是否正确。因为没有"对比"，而且学生说的顺序也不完全一样，所以效果一般。下面的问题也是如此。

师引导学生找规律（省略），并在黑板上贴出如下记忆方法的卡片。

引导学生来总结记忆方法，这非常有必要，教学效果不错。

找规律记忆法

师投影出示如下六个成语，让学生来尝试记忆。

这个案例的选择很有针对性，非常新颖有趣，学生们的表现也很优秀。

一字千金　叶公好龙

神采飞扬　金枝玉叶

龙马精神　扬眉吐气

生采用首尾相接方法来记忆（省略）。

2.活动二：穿过"记忆林"

师分别投影出示如下要求和12张图片，请学生30秒内快速记住这些事物的名称。

穿过"记忆林"

> 这里有12种事物图片，请大家找出快速记住这些事物名称的方法。记忆时可以打乱顺序。

学生的积极性被充分调动起来，教学效果非常好。

　　生尝试记忆，在小组内合作交流，并探究快速记忆的方法（分类记忆）。

　　师小结（省略）后，在黑板上贴出如下记忆方法的卡片。

　　　　　归类记忆法

　　师投影出示如下九篇课文的题目，让学生来进行 30 秒记忆。

　　　《桂花雨》《雾凇》《最佳路径》
　　　《三顾茅庐》《九寨沟》《恐龙》
　　　《荷花》《卧薪尝胆》《狼和鹿》

　　生汇报、展示记忆情况（第一个同学记住 7 个，第二个同学记住 8 个，第三个同学记住 8 个，第四个同学记住 5 个）。

　　3.活动三：爬上"记忆山"

　　师投影出示如下要求和两组词语，让学生来尝试记忆。

"归类"记忆法本身没有问题，但用"分类"一词可能要好一些，学生也容易接受一些。后面的"夺宝秘诀"就是如此，前后不一致。

本节课训练学生的记忆都用的是 30 秒时间，这本身没有什么问题。但有没有什么说法，需要老师去关注。

此处也不完全清楚学生说的对不对，因为上面的投影 30 秒之后就关掉了，而且没有再次出

爬上"记忆山"

从这两组词语中，选择一组，自主探究方法进行记忆。

小狗　帽子　自行车　山脚　白云

大树　箱子　老鼠　棍子　猫　大米

生自主探究记忆方法——编故事（省略），并进行记忆。

师归纳记忆方法，并在黑板上贴出如下卡片。

> 联想记忆法

师投影出示如下 8 篇鲁迅作品的题目，引导学生使用联想记忆法来进行记忆。

《故乡》《社戏》《祝福》

《孔乙己》《一件小事》

《从百草园到三味书屋》

《藤野先生》《阿 Q 正传》

生尝试记忆（省略）。

四、总结全课

师总结《走进记忆王国》之旅的方法，归纳 3 种记忆法，并投影出示如下"秘诀"。

夺宝秘诀

记忆好，真重要；

分类记，快又牢；

找规律，巧联想；

方法妙，难不倒。

现。怎样来准确判断学生说的对不对，值得研究和实践。

这里不仅能够训练学生的记忆，而且还能培养学生的思维和语言表达能力，非常好。

本案例的选择很有针对性，效果不错。

此处最好不要硬性规定用什么方法来记忆，否则不容易出现意外惊喜。

总结所学内容很有必要，"顺口溜"对学生的学习是有好处的，也很有针对性，效果是不错的。

生齐读，并记在心里。

下课！

五、板书设计

走进记忆王国

找规律记忆法

归类记忆法

联想记忆法

但如果能够再押韵一点就更好了。

板书简洁明快，突出中心，效果不错。但这里也有个值得研究的问题，那就是"归类法"难道不是"找规律"吗？这还有待于进一步推敲，不够严谨。

三

整体评价

首先，从"活动规则"的确立来讲。刘老师教学伊始，就能让学生明确本节课的"活动规则"，这个环节的设置是必要的，效果也是不错的。设置活动规则是基于以下两点来考虑的：一是由于心理健康教育课还处于推广阶段，学生面对心理课堂的机会还比较少，也比较陌生；二是心理健康教育课以活动为主，规则的确立是课堂活动的重要准备环节。所以说，在这里强调心理健康教育课的规则设置，是具有心理学意义的，如尊重、倾听、参与、分享等。也就是说，教师在上课开始就应当出示相关规则，并简要地对学生进行释义。刘欣老师在课堂游戏开始前就出示"夺宝规则"，明确在接下来的游戏活动中，学生必须遵守的规则，从而保证课堂教学活动的顺利进行。

其次，从教学导入与教学内容的联系来看。刘欣老师的导入是"正话反说"的游戏。这个游戏是与她本节课的教学内容"走进记忆王国"有着紧密联系的，导入方法新颖，效果非常好。

最后，从课堂上要关注学生的活动体验来说。课堂上活动的本身不是目的，让学生能分享体验才是关键。刘欣老师的课堂上一共设置了3个"夺宝"游戏。游戏过程中，特别关注让学生分享成功夺宝的方法。如第一关中，请做全对的学生说说是怎么做得到的。第二关中请全部背出成语的学生介绍一下方法，找找规律。第三关请学生展示记忆方法，同时再请记忆方法不一样的学生来进行交流。整个游戏过程中，学生不是仅感觉到游戏的乐趣，更高一层的是每个游戏背后，通过学生对活动体验的交流，有着一些具体的收获，并且这些收获能指导学生在生活实践中去运用。

四

听课感悟

心理健康教育课在我区起步时间不长，老师还处在摸索阶段，这次老师们有勇气参与全区的比赛，本身就是值得肯定的，也是一次有益的尝试，可喜可贺。对于这节课，我也进行了认真反思和研究，这里我主要考虑的是以下几个方面的问题，只是个人观点，仅供参考。

一是关于课题的问题。此类课的课题应该贴近学生实际，应该具有趣味性和针对性，《走进记忆王国》具备这样的条件。但课题同时要越小越好，《走进记忆王国》这一课题似乎大了点。因为在一节课中，不可能做到大而全，那样对学生的学习也是不利的。

二是关于知识教学的问题。要我说，本节课最大的问题就是老师还是想教知识，教记忆的一些方法，从而让学生会记忆。而不是在润物细无声之中，让学生体验记忆的乐趣，并获得体验记忆成功的快乐。实质上，一旦学生喜欢，方法就不是问题，也不重要了。我们不要像教语数外那样，来教心理健康教育课，课堂要有温馨感。也就是说，心理健康教育一定要让人有不一样的感受，这节课还不是很明显。

三是关于科学严谨的问题。活动内容的确定，一定要科学严谨，不能随意而为。就拿"归类记忆法"来说，它也是要找规律的，它和"找规律记忆法"是否有重叠有交叉，值得我们去关注去研究，千万不能随心所欲，不能大而化之。

四是关于学生反馈的有效性问题。这节课说实话我听的有点累，有的我还没有记住，就来反馈学生记忆情况，确实让我有点发蒙。例如在活动过程中，反复要求学生在30秒内记住相关词语、图片、名称等内容。然后，老师就将这张投影图片（标准答案）翻过去（不让学生看到），而且也不再重新出现了。当学生在反馈记忆情况和效果时，因为我也没有记住，所以就不知道学生说的对不对，如果错又错在哪里。所以，这样的反馈环节的有效性、准确性和科学性值得完善。

五是关于课件的问题。上课所使用的课件，最好具有自己的风格和特点，最好自己设计，这样才能符合学生的实际。千万不能照搬照抄，那样没有任何好处，我们的老师要有这样的意识和素养。

尽管如此，听完刘老师的这节课，我收获还是挺大的。一是感动。我区没有专职的心理健康教育的教师，老师们都是兼职的，也很不容易，我要感谢他们的付出和努力，没有你们的艰辛探索，也就不会有希望。二是需要勇气。心理健康教育完全是一门新的课程，全新的课程，全新的内容，全新的方式，一切都要从零开始，如果老师们没有一股勇气，没有一股闯劲，也就不会有明天。三是需要学习。心理健康教育是一门前沿科学，要求高，学问大，综合性又很强，要想上好这样的课，只有不断学习，自我提高和完善，才有可能上出心理健康教育课的味道来，否则什么都不是。中小学心理健康教育，是一项科学性、实践性很强的教育教学工作，它要求教师运用心理科学的方法，对学生的心理施加积极的影响，以促进其心理的健康发展，养成良好的行为习惯。

五

注意问题

中小学心理健康教育是根据中小学生生理、心理发展特点，运用有关心理教育方法和手段，培养学生良好的心理素质，促进学生身心全面和谐发展和素质全面提高的教育活动，它是进一步加强和改进中小学德育工作、全面推进素质教育的重要组成部分。据有关调查显示，现在中小学生中34%有心理障碍，12.5%有心理缺陷，28.1%有心理异常。所以说，青少年的心理健康不容忽视。

当然，从目前心理健康教育的现状来看，也存在一些问题，必须引起我们的注意：一是要充分认识心理健康教育的重要性。开展中小学心理健康教育，有利于教育教学的科学化，有利于素质教育的落实，有利于加强和改进中小学德育工作，有利于教育者自身的优化，有利于促进学生的心理健康、全面发展和主动成长。二是心理健康教育在各地还是刚刚起步，相当多的学校从思想认识、师资水平到必要条件，还难以适应心理健康教育的需要。为此，我们要积极创造条件，从实际出发，有计划、有步骤地逐步推进这项工作，不能一哄而上，搞形式主义。三是心理健康教育与德育工作有着密切的联系，但不能用德育工作来代替，也不能取代德育工作。一方面不能把学生的心理问题，简单地归结为思想品德问题。另一方面，又要防止心理健康教育医学化和知识化的问题，不能把心理健康教育搞成心理学知识的传授和心理学理论的教育，那样将得不偿失。

结尾诗

心理健康教育课，
全新课程很奇妙。
记忆王国把宝夺，
规则意识要记牢。
学生快乐来体验，
感悟真谛心如潮。
迎接挑战敢面对，
和谐发展乐陶陶。

第四课　少先队活动课

　　少先队活动课在少先队员的成长过程中不可或缺，也是辅导员进行教育的有力抓手。为使少先队员和辅导员对少先队活动课的授课内容和授课方式，有更深入的了解，2017 年 4 月 21 日上午，合肥市少先队活动课展示研讨活动，在我区临泉路第二小学隆重举行。本次活动是由团市委主办，瑶海区教体局和合肥市临泉路第二小学共同承办，来自全市的辅导员约 200 人参加了此次学习观摩研讨活动。合肥团市委副书记陆杨，团市委少年部部长庆欣等领导，莅临活动现场进行具体的指导。

　　活动中，首先进行了现场课展示，由合肥市元一名城小学罗桂林、合肥市临泉路第二小学房文娟和合肥市琥珀名城小学郏娟分别上了一节少先队活动课。因为活动冲突很遗憾我只听了琥珀名城小学郏娟辅导员的一节课，她执教的是五年级《劳动最光荣》。这节课，看似平凡的主题却有着不平凡的意义，在如今"小王子"、"小公主"盛行的时代，如何让孩子们树立主动参与的劳动意识尤为重要。辅导员以相关劳动的视频为切入点，让大家各抒己见，并通过"争章"活动形式，让队员们切实感受到劳动是一门不可或缺的生活本领，从而树立正确的劳动观。展示结束后，辅导员们还进行了认真研讨。大家认为，三位老师的活动课，让辅导员们对少先队活动课有了新的认识和思考，大家不仅交流了自己听课的想法，还研讨了开展活动课的一些困惑。最后，我也谈了一点自己的感受：辅导员创新队课形式，能够让队员成为队课活动的主人，他们自主参与、调查、体验和感悟，从而实现了活动的目的，这是值得肯定的。但怎样有效开展活动，还需要所有辅导员们不断思考和研究，并大胆实践。

团市委的领导，就少先队活动课在总结发言时强调，辅导员作为课程研发的开拓者，要潜心研究，深入了解，充分发挥孩子们的自主性。这样，才能让少先队活动课成为队员们喜爱的一门课程。本次活动取得了圆满成功。

一

活动过程

合肥市琥珀名城小学郐娟老师所上的《劳动最光荣》一课，其具体的活动过程如下。

《劳动最光荣》活动过程

目 标 要 求	简 要 点 评
一、活动目标 　　1. 通过"争章"、"颁章"等活动，让队员们养成良好的劳动习惯，树立热爱劳动的意识。 　　2. 养成"自己的事情自己做，他人的事情帮着做"的好习惯，形成劳动光荣的观念。 　　3. 了解一两种劳动职业，学会一两种劳动技能。 　　4. 在"争章"活动过程中，增强队员的组织意识和合作精神。 二、活动重点 　　在活动过程中，充分发挥队员的自主性和小	目标明确，形式多样，队员能够积极参与。重难点把握准确，传递的是正能量。 但这节课的课题有点大。课前师生都要做大量的准备工作，所以上起来确实不容易。

队的合作性，养成互助意识。

三、活动难点

"争章"活动的有效调动和组织。

四、活动准备

队员之前做好调查和活动开展的相关准备
工作。

活 动 过 程

一、活动导入

师：播放微课《劳动最光荣》宣传片（省
略），导入本次活动队课的主题——劳动最光荣。

师：投影出示家务章、服务章和劳动之星以
及"争章"目标，如下所示。

"争章"目标：

自己的事自己做，

他人的事帮着做。

二、队课过程

（一）自己的事自己做（家务章挑战）

1. 劳动知多少

师：投影出示如下要求。根据各小队得分情
况，给队员加星。

家务章（1）

要求：

1. 以小队为单位，进行有关劳动的知识竞赛，
第一名加2颗星，其他1颗星。

右栏批注：

准备工作复杂。

围绕主题，创设情境，激发兴趣，效果不错。

虽然本节课的课题大了一点，但此处出示"争章"目标，还是恰到好处的，非常贴近队员们的实际，针对性和有效性都比较强。

明确要求很有必要。评价激励是好的。

2. 完成附加题，再加 1 颗星。

3. 辅导员评价。

生：以小队为单位，进行劳动职业等相关问题的抢答。分别投影出示如下，小队互评加星。

1. 古诗"锄禾日当午，汗滴禾下土。谁知盘中餐，粒粒皆辛苦。"描写的是哪一种劳动职业？

（农民）

2. 你知道五月一日是什么节日吗？

（五一国际劳动节）

3. 根据图片提示，猜一猜这是哪个劳动职业？

（交通警察）

4. 根据图片提示，猜一猜这是哪个劳动职业？

（教师）

师：投影出示如下，各小队讨论。

附加题：除了以上出现的劳动，你还知道哪些职业，他们从事的劳动，改变了什么？

（至少说出三个）

师：辅导员评价（省略）。根据"争章"要求，在"主评价表"上给自己加星。

活动的设计有趣味性，内容也比较丰富，队员参与的积极性也很高。但就是内容太简单了一点，对学生来说几乎一点难度都没有，问题也没有梯度，所以就有点形式主义。

此处发挥队员的想象力，拓展思维，也培养队员的语言表达能力，效果不错。

生：评价打星，如下表所示。

主评价表

劳动星评价表（涂星星）

达标章	挑战情况		评价结果
家务章	第一关 劳动知多少	第二关 争做家务小达人	总计（　　）颗 获得5颗及以上星星，获得家务章。
	☆☆☆	☆☆☆	
服务章	第三关 服务大家欢乐多	第四关 劳动服务我来说	总计（　　）颗 获得3颗及以上星星，获得家务章。
	☆☆	☆☆	
劳动星	获得一枚家务章和一枚劳动章，同时活动中获得9颗及以上星星，获得劳动星。		合计（　　）颗

2. 我是家务小达人

生：观看视频《妈妈的一天》（省略）。

生：说一说观看感受（省略）。

师：引出——在家要自己的事情自己做。

师：出示家长拍摄的队员视频《上学》，以及队员做家务的相关照片（省略）。

生：说自己一周的进步与变化（省略）。

生：请说一说自己《一周劳动习惯完成评价表》的完成情况。根据家长的评价与争章要求，给自己"加星"（如下所示）。

让队员自评，非常好，也值得肯定。但实际操作情况怎样，辅导员要关注，不能流于形式。最好强调，评价要诚实。

很有启发性，让队员来进行自我教育，效果是不错的。

让家长参与，有新意。

《一周劳动习惯完成评价表》第（　　）周（涂大拇指）

评价项目		星期一	星期二	星期三	星期四	星期五	星期六	星期日
自我服务劳动	自己盛饭、夹菜	👍	👍	👍	👍	👍	👍	👍
	自己吃、自己穿衣、穿鞋袜	👍	👍	👍	👍	👍	👍	👍
	自己的床自己整理	👍	👍	👍	👍	👍	👍	👍
	自己的房间自己收拾	👍	👍	👍	👍	👍	👍	👍
	自己刷牙、洗脸、洗澡	👍	👍	👍	👍	👍	👍	👍
	自己收拾自己的书包	👍	👍	👍	👍	👍	👍	👍
认领家务劳动小岗位		👍👍	👍👍	👍👍	👍👍	👍👍	👍👍	👍👍
总计	（　　）个	家长感言：						

生：劳动技能比拼，各小队分配挑战任务（系红领巾、叠衣服、穿衣服、系鞋带、收拾书包等），各小队根据完成情况给自己加星。

师：辅导员小结（省略）。并投影出示如下。

家务章（2）

考章员：家长，辅导员

要求：

1.《一周劳动习惯完成评价表》获得40个以上大拇指，获得2颗星。

2.通过劳动技能比拼的小队获得1颗星。

生：根据争星要求，给队员颁发"家务章"。

生：队员齐唱齐跳《劳动最光荣》。

（二）他人的事帮着做（争得服务章）

1. 服务大家欢乐多

师：各小队认领中队服务岗位，开展劳动服务岗位评价活动。并投影出示如下。

《小队劳动服务岗位评价表》第（   ）周（涂小红花）

评价项目		星期一	星期二	星期三	星期四	星期五	评价标准
小队自我管理	按时完成劳动任务	✿	✿	✿	✿	✿	在一周中获得20朵及以上小红花，在第三关加2颗星
	劳动工具用完归还原处	✿	✿	✿	✿	✿	
	爱护班级公共财物	✿	✿	✿	✿	✿	
	个人卫生干净整洁	✿	✿	✿	✿	✿	
中队服务岗位认领		✿✿	✿✿	✿✿	✿✿	✿✿	
总计	（ ）朵	小队感言：					

师：播放小队岗位认领活动视频（省略）。

生：各小队代表说一说岗位认领的完成情况（省略）。

师：辅导员评价（省略）。

生：根据小队完成情况与要求，给自己加星（省略）。

师：播放瑶海区各中小学开展红领巾志愿服

唱歌不仅能够放松，也有教育意义。

评价是对的，形式也要多样。但整个活动过程的评价次数多了点，有点琐碎，加上又没有检查，效果怎么样不知道。

微课比较好。

务视频（省略）。

生：队员说一说观看感受（省略）。

2.劳动服务我来说

生：各小队根据大屏幕中的图片（省略），判断对错。说一说你应该怎么做（具体要求如下图所示）。

服务章

要求：

1.以小队为单位，进行 YES OR NO 的快速选择竞赛。

2.总分获得第一名加 2 颗星，其余加 1 颗星。

师：辅导员评价（省略）。

生：根据完成情况与要求给自己加星（省略）。

师：邀请校园保洁员参与其中，说一说自己的劳动情况，并发出倡议如下。

我倡议：

1.在家做爱劳动的好孩子。

2.在校做爱劳动的好学生。

3.在社会上做爱劳动的好公民。

4.珍惜、尊重别人的劳动成果。

生：齐读倡议。

师：投影出示如下。给队员颁发"服务章"。

用队员身边的事例，来教育队员，针对性比较强，很有必要。

让学校的保洁员来现身说法，这很好，但不能搞形式主义。

发出倡议非常好，但与前面的"争章"目标的两条内容不是很吻合，值得商榷和完善。

（三）颁发劳动星

师：投影图片——介绍全国劳动模范，学榜样（省略）。

生：观看。

师：投影出示如下要求。并给队员颁发"劳动之星"。

劳动星

要求：

1. 获得一枚家务章和一枚服务章。

2. 争章活动中获得 9 颗及以上星星，获得劳动之星。

生：队员齐诵——《劳动托起中国梦》（省略）。

下课！

> 榜样的力量是无穷的，很有必要，效果不错。

> 传递正能量，目的是好的。但内容多了，根本记不住，效果就会大打折扣。

二

整体评价

这堂课结束后，辅导员们进行了认真评议。大家一致认为，郏老师所上的这节课，充分体现了年轻辅导员的创新精神和教学智慧。具体表现在三个方面：一是授课选材的时效性。少先队活动课有政治性和儿童性两大属性。本节课选取的活动内容《劳动最光荣》，就充分体现了少先队活动课这样的属性。另外，在内容的确定上既体现了传统性也突出了时代性，其针对性和可操作性都非常强。习近平总书记就曾对少年儿童提出这样的要求："你们从小就要树立劳动光荣的观念，自己的事自己做，他人的事帮着做，公益的事争着做，通过劳动播种希望、收获果实，也通过劳动磨炼意志、锻炼自己。"二是授课目标的准确性。整堂课巧妙地融合了少先队活动课的组织意识、道德养成、政治启蒙、成长取向这四个维度的目标。在教学环节的处理和手段的运用上也是比较新颖的，富有时代气息；在活动内容、形式和载体的安排上也符合少年儿童特点，充分展现出生动有趣、灵活多样的活动状态，同时采用"任务自主认领"的方式，能面向全体队员，体现队员的自主性与合作性。三是互动评价的多样性。在评价环节上，通过队员互评、家长评、辅导员评等不同层次和形式的评价方式，充分体现了分层要求、尊重差异、展示个性的互动评价特点，并将评价贯穿于整个活动的全过程，教学效果是比较理想的。

这节少先队活动课，立足队员的学习与生活实际，以"争章"活动的形式来进行思想引领和能力培养，充分发挥队员的自主性和小队的组织教育作用，活动课精彩纷呈。这也是少先队活动课常态化实施的发展方向，充分展示了瑶海区少先队员和少先队辅导员的精神风貌。

三

听课感悟

少先队活动课程，是少先队员活动的重要内容和载体，非常有必要。少先队活动课要遵循少年儿童的年龄特点，要突出政治性、儿童性，内容要有意义，活动要有意思，载体要创新并有时代性，要受学生欢迎，活动效果要好。在辅导员的帮助和指导下，要充分发挥少先队员的自主作用、创新精神和少先队员集体的力量，真正让孩子们做活动的主人，放手让他们自己去策划、组织、实施、总结，体现以校园为基础、家庭为补充、社会为天地，组织开展丰富多彩的实践性、体验性活动。主题要鲜明、目标要科学、内容要集中、特性要突出、评价要科学等。要在辅导员的引导下，以少先队员为主体，自主开展活动，要体现中队、小队的特色，不搞知识传授，要生动活泼、灵活多样，创造性地开展活动。

正因为如此，听完课之后，我还进行了认真的反思和总结。个人认为这节少先队活动课，还存在以下一些值得关注和研究的问题。

首先，是课题问题。对于这样的活动课来说，课题越小越好，越贴近学生越好，不需要高大上。课题不能太大，要以小见大，否则也不利于活动的设计和准备。辅导员要学会"小题大做"，这样活动就会更有针对性，效果也会更好。

其次，是辅导员老师还是包办得多了点。这节课课前老师要预设和准备很多内容，而不能像平时上课那样，展示的色彩浓了点。我们一定要充分发挥队员们的作用，明确课题后要尽可能让队员去设计和准备，辅导员不能预设太多，不要太辛苦，要让队员们辛苦才对。

再次，是少先队活动课需要一定的形式，但是不能为了形式而形式，形式一定要为内容服务，形式要为孩子们的成长和发展服务，要传递正能量。

总之，这是我第一次认真而又正规地听这样的课，以前虽然也听过一些、接触过，但只是大而化之、蜻蜓点水式的，没有真正深入进去，了解的并不透彻。这次就不一样了，真正坐下来听，所以收获很大，也让我大开眼界。

四

注意问题

少先队是中国共产党创立并领导的少年儿童群众组织，肩负着通过组织教育培养党的事业接班人的使命。少先队活动课，是国家规定的义务教育阶段一至八年级全体少先队员必修的课程，是中国特色社会主义教育体系的重要内容。少先队活动课能引导少年儿童健康成长，培养少年儿童对党和社会主义祖国的朴素情感。少先队活动课是在辅导员帮助下，发挥少先队员的主体作用的一门独特的课程。

少先队员是少先队的主人，自主是少先队员活动的基本要求。让少先队活动融合于学校新课改之中，拓展少先队活动的时间与空间，创新少先队活动的方式和内容，少先队工作才会有质的飞跃和新的突破。实践表明，凡是少先队活动经常化、阵地化的学校，那里就充满着欢乐，思想道德上出现的问题就会越少。

通过少先队活动，可以为少先队员提供一个锻炼和展示自己才能的平台。活动是少先队的生命，少先队的各类活动是少先队实现组织目标、培养队员成长的主要方式，让少先队员在活动中去体验、感悟和发展，从而实现教育的目的。这与其他学科的育人方式是有明显区别的。为此，必须要注意以下问题：一要确保少先队活动时间。小学一至六年级和中学七八年级每周要安排 1 课时，专门用于开展少先队活动。二要进一步加强辅导员队伍建设。加强对辅导员的专业培训，促进辅导员队伍的专业化、职业化，充分调动辅导员的积极性。三要加强少先队活动的教研。建立少先队活动教育研究机制，定期开展少先队活动教研工作（邾老师所上的这节课，就是一次市级教研活动），着力提高辅导员们的教研能力和专业素养。四要放开学生的手脚。辅导员一定要放手，要把工作交给队员们独立完成，尽量少干涉他们，充分发挥他们的作用，要做队员们的朋友。

为此，我们还要继续努力，不断探究，进一步推进学校少先队活动课程建设和活动的常态化开展，努力开启少先队工作的新征程，构建美丽校园。

结尾诗

少先队员活动课，
自己事情自己做。
劳动观念不可缺，
市级研讨创特色。
美女老师辅导员，
学生作用要发挥。
热爱劳动最光荣，
追求精彩勇担当。

第五课 引导自学

2017 年 12 月 28 日下午，合肥市琥珀名城小学与合肥市蚌埠路第五小学，在琥珀名城小学开展"引导自学"型课堂教学校际交流研讨活动。笔者和我区小学语文教研员郑玉茹老师、瑶海区第五督学责任区的督学以及两校的领导和老师们参加了此次活动。

本次活动围绕"引导自学"型课堂教学进行研讨。活动共分为上课和评课两大环节。一开始，先由蚌五小石明老师执教《林冲棒打洪教头》一课，接着由琥珀名城的郑怡老师来上《滴水穿石的启示》，然后进入评课环节。此环节比较新颖，首先由石明老师和郑怡老师及各自团队分别作"细胞式观察量表"分析和点评。之后，郑玉茹老师进行点评，她对这两节课给予充分肯定，并提出"引导自学"型课堂确立重点要"少而精"，自学方法操作性要强，学生对话要有效，要着力在点拨学生上下功夫，自学要巩固到位，从而推动学生学习思考的真实发生。

这次"引导自学"型课堂校际交流活动，其目的就是要开辟和打造"共

55

享教育科研之路"，加强校际交流，合作共赢。本次活动取得了较好的效果，也值得推广。下面，重点就来谈谈郑怡老师《滴水穿石的启示》这节课。

一

教学过程

郑怡老师《滴水穿石的启示》这节语文课的教学过程，如下表所示。

《滴水穿石的启示》教学过程

教 学 目 标	简 要 点 评
教学目标： 　1. 自主阅读，分析文本。读懂课文事例是如何表现出人物精神的，体会水滴精神的可贵。通过积累语言，锻炼口头表述能力。 　2. 自主思考，明确重点。学习文章围绕论点选取合适事例进行充分论证的方法，锻炼逻辑思维能力。 　3. 自主交流，互通有无。在集思广益的探讨中进行思维碰撞，加强合作意识和保持空杯心态。 教学重点： 　自主阅读，读懂课文事例是如何表现出人物精神，体会水滴精神的可贵。通过积累语言，锻炼口头表述能力。 教学难点： 　自主思考，学会交流。学习文章围绕论点选	教学目标的确立符合学生的实际，也体现了"引导自学"的特点和要求，教学效果也是不错的。但表述形式有点特别，也值得研究。

取合适事例进行充分论证的方法，锻炼逻辑思维
能力。

教 学 过 程

一、复习导入，明确自学重点

  1.谈话激趣，复现文章中心

  师：现在我想和大家分享我喜爱的物品，这
是我亲手刻制的石章。

  （PPT展示印章的印记如下）

  师：看一下（出示印章），这是什么材质呀？

  生：石头。

  师：用锐利的刻刀在石头上雕刻，石头就会
被更坚硬锋利的刀片凿穿镂刻。其实，柔弱的水
滴也能洞穿石头。瞧，安徽广德太极洞内的石块，
被水滴打磨得如此光滑圆润。

  （PPT展示太极洞内的石块如下）

你认为小小的水滴具有怎样的精神？

优秀的教师自身就是
课程资源。展示自己
的作品和才艺，来引入
新课，能够让学生产生
"向师性"，非常好！

这里最好能顺便补充一点
内容。材质应该有多种。

这个问题好。

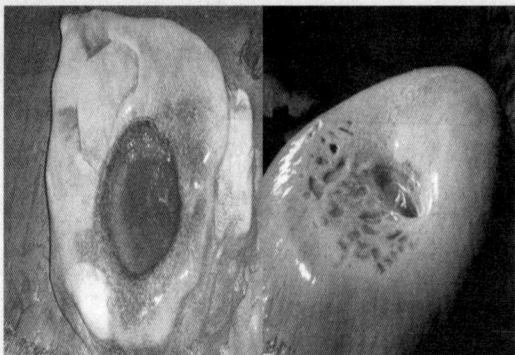

此图片非常有吸引力，能激发学生的兴趣。但老师最好要问一下有没有同学去看过。如有看过的，可以让他们来说一说，没有也不要紧。

这两个图放在一起有问题。右边应该是一个鹅卵石，它上面小洞眼的形成是不一样的。

生：我认为它有坚持不懈、目标专一的精神。

师：通过上节课的学习，我们知道了本文的论点。

（PPT 出示如下）

> 论点：
> 　　目标专一，持之以恒，就能做成事情。

这是第二课时。

生：齐读一遍。

2. 出示自学重点

师：下面我们来接着学习课文。首先明确自学重点。

（PPT 出示如下）

让学生明确自学重点，这非常有必要。

> 　　了解本文列举四个事例的异同之处，学习围绕论点选取合适事例论证的方法。
> 　　用时：1 分钟。

生：齐读一遍。

二、围绕重点自学

师：好，自学之前还要明确自学要求。

（同时，PPT 出示如下所示）

> 1. 自学时间：15分钟
> 2. 自学要求：
> 有感情地朗读事例，读出人物具有的水滴精神。
> 有重点地圈画字词，圈出体现人物精神的字词。
> 有逻辑地独思文本，思考四个事例的异同之处。
> 有条理地批注见解，注写可替换的事例或质疑。

自学要求很明确，概括性和针对性都比较强。老师也非常注重自学提示语言的提炼，并用红色标注关键词，用仗方式呈现，便于学生留下清晰印象。但语言表述有点成人化了。

师：（引读自学提示如下）要有感情地朗读事例。

生：（齐读）读出人物具有的水滴精神。

师：有重点地圈画字词。

生：（齐读）圈出体现人物精神的字词。

师：有逻辑地独思文本。

生：（齐读）思考四个事例的异同之处。

师：有条理地批注见解。

生：（齐读）注写可替换的事例或质疑。

让学生一句一句来齐读自学要求，是否有必要，值得商榷。

师：现在开始自学吧，并在书本上圈点勾画，留下思考痕迹，做好记录。

生：自学。

（老师巡视指导，了解情况。同时，端正学生坐姿，扶起学生额头，挺起背来。其中一生流鼻涕，还递给他餐巾纸）

三、交流自学情况

（一）小组交流

师：同学们，大学者胡适曾说过，"怕什么真理无穷，进一寸有进一寸的欢喜"。通过自学，现在来进行交流，看看有没有交流的欢喜。

（PPT出示小组交流提示）

班级建立"组织"，非常有特点。

> 1. 小组交流：5分钟
> 2. 全班交流：7分钟
> 温馨提示：
> 组员交流要小声。
> 组导分工要合理。
> 班导组织要有序。

师：老师提示你，组员交流要？

生：（齐答）小声。

师：组导分工要？

生：（齐答）合理。

师：班导组织要？

生：（齐答）有序。

师：好，集思广益、互通有无的小组交流开始。

生：小组交流。

（各小组围绕事先发下的"小组自学清单"（内容附后）进行交流，一名同学担任组导，安排组内同学发言次序。该同学发言时，其他同学倾听，并补充意见。老师巡视倾听，了解情况）

又让学生来复述一遍，耽误时间。
本节课只选择24个同学来上课，另一部分学生没有来，很是不妥。应该让全班学生一起来上课。

（二）全班交流

1. 小组汇报自学成果

师：同学们讨论得热火朝天，我侧耳倾听，不乏高见。哪个小组先开始来进行全班交流？

（吴双学习小组的成员集体站了起来）

生1：我们小组讨论完了。下面，由昕雨来解说李时珍的事迹。

生2：同学们请看课文第 119 页第 3 段的第 2 行，"翻山越岭""走遍""访尝""20 几年""终于"，都体现出李时珍持之以恒的精神。"20 几年"体现出时间之长，所以《本草纲目》很伟大。

生1：先停一下，"伟大"这个词用得不好，不恰当，换 个词会更好些。

师："伟大"修饰人，人很伟大。这是一本巨著，是什么样的巨著?

生2：《本草纲目》共分为 52 卷，190 多万字，载有药物 1 892 种，收集医方 11 096 个，绘制精美插图 1 160 幅，分为 16 部，60 类。这些数据可以体现出《本草纲目》内容的丰富多彩。

生1：哇，昕雨说得实在太好了。下面有请锐婕同学来为我们说一下爱迪生。

生3：大家先看看这句话，"他没有受过正规教育"，把这个"没有"画下来。爱迪生没有受过正规教育，他为什么可以成为发明家？再来看下面，他从小就自谋生计当小贩、报务员，这里有一个转折，把"但"给画下来。他迷恋电学实验研究，"迷恋"可以体现出他非常喜欢实验研究，恨不得每天 24 小时都在做实验，毕生孜孜不倦，而且后面说了有 1 000 多项发明专利权，数量很多，至今都没有人能超过他的发明专利。

生1：下面有请我们的宇翔同学，来为我们说一说齐白石。

该班学生叫名字已经养成习惯，相互之间都叫两个字。

不能不了了之，难道"伟大"不行吗？

从学生交流展示来看，他们提前收集了一些资料，做了充分的准备。学生上课前做一些准备没有问题，但一定不能先"彩排"好，再来"表演"。

生4：首先呢，我说齐白石之前，想跟大家说一个小的故事。齐白石从小出身贫寒，他给别人放牛砍柴。在放牛砍柴的过程中，他看到河里的小鱼小虾就非常好奇，就拿起树枝在河边画了起来。后来他当了木匠，白天干活，晚上在昏暗的油灯下学画画。这里能看出他目标专一，他一直到灯油尽了才停止，这样他的画越来越好。有一次他看到一只蚂蚱，就追着它，别人问他，你为什么不把蚂蚱绑起来呢？他就说绑起来动作就不自然了，就画得不好看，不生动。就是这样，齐白石爷爷的画画才达到了炉火纯青的地步。现在，我们把目光转移到书上，看120页，"现代著名书画家齐白石在他数十年的艺术生涯中，始终没有停止过挥毫作画"。从这里可以看出，他其实已经是晚年了吧，但他还没有停止过挥毫作画，在他的画室里，挂着用以自勉的条幅"不教一日闲过"。我感觉就是齐白石爷爷不想就这么让一天白白浪费过去，他想珍惜每一秒，所以到了晚年也坚持每天作画3幅，这里我看出了他持之以恒。正是因为白石老人坚持不懈创作，他的技艺才达到炉火纯青的境界。大家看，如果不是白石老人每天作画3幅，他的技艺能达到这么高吗？古今中外，又有多少人能够这样呢？谢谢。

生1：好，接下来有请我们的锐婕同学来说一说，这4个例子的异同点。

生3：首先，这3个名人事例所在的时代、经济发达情况都不一样。

学生的表现太优秀了，让人意外。

62

师：经济发展。

生3：经济发展都不一样。而且他们所在的领域也不同。

学生这里所说的"领域"不规范，老师应该及时加以纠正。

师：能具体说说什么领域吗？

生3：李时珍是医学方面的。爱迪生是发明方面的，就是科学这一类的。齐白石是书画方面的。他们领域都不同。再把"雨水"这个事例加进去的话，这3个名人都做到了坚持不懈，而雨水没有，雨水是半途而废没有专一的目标。我在这有一个质疑，可不可以把齐白石或者某个名人的事例删除，或者加上其他的名人事例？加上居里夫人啊，李清照啊，或者其他人的事例。可不可以呢？

学生质疑非常好。

（叶天宇学习小组的学生站起来）

生5：我觉得锐婕同学你刚才提的质疑，能不能把文中3个正面事例换成别人的，我认为这是可以的。因为，我们以后也会写到类似的作文，难道一定要用这3个事例吗？我觉得就可以换成马云的事例。我就把马云的事例给大家说一下，看换到文中会怎么样。

（师点头同意）

生5：马云出生在一个贫寒的家庭里，很早他就出来自谋生计。当初他为了创立阿里巴巴，仅凭着18个人的团队，日夜在外面奔波，四处推广他们的产品，并且将国外的网址网页引进我们中国。期间他没有停歇过，哪怕就是他们的成员分散了，他最终也会将成员聚集在一起。所以说

学生的视野十分开阔，课堂对话主动、自信、流畅，很好。

他目标专一，持之以恒。

师：他有什么专一的目标？

生5：他的目标就是创立阿里巴巴等网络平台。如果把这个事例放到文中，它是可以的，对不对？

师：嗯，马云的事例。他最后的确是建立了自己的财富王国。可以去替换吗，值得我们思考。

（师走回到之前学习小组的旁边）

师：你们交流汇报完了吗？

生1：现在由我来说一下，我也想替换一个人物事例。我想替换的是司马光。

师：类似的事例我们可以留到课后交流。

生1：接下来呢，我们请承扬同学说一下他的个人经历。

生6：大家好，现在由我来谈谈我的个人经历。有一次在学校，我在做早操的时候，老师把我叫到旁边对我说，现在有一个比赛，你有没有兴趣参加？我说愿意。到了星期六，老师在QQ上给我发了一个稿子，让我花周末的时间去背诵。一开始，我背这个稿子的时候还觉得挺新奇的，这个稿子上写的是大诗人李白的《将进酒》。我背着背着，越来越觉得无聊，就开始心不在焉了。在一旁做家务的妈妈仿佛看透了我的心思，走过来对我说，你当初想参加这个比赛，那我想你肯定就是下定了决心，如果你要做一件事情半途而废了，那这件事情还能成功吗？我听后深受触动，便暗暗下定决心。

师：你有什么触动？

这里应该怎么衔接最好？

难道没有答案吗？不妥。

类似的事例到底能不能换，可以点拨引发学生稍作思考：如果换，用马云或司马光换下谁的事例才合理。

这里引导得不好。学生用词不当，怎么办？

生6：做任何事都这样，如果半途而废，就像课文中的雨水一样，还能做成事情吗？我想完就静下心来，用心去背这首诗。最终，我将这首诗背了下来，并且能有感情、有动作地朗诵，符合老师的要求。下面就让我来为大家朗诵一下这首诗。

师：你很想朗诵吗？想展示你自己？

生6：（点头）

师：行，那就一句话吧。好不好？

生6：好。

师：时间有限，你就展示一句话朗诵。就一句哦。

生6：君不见，黄河之水天上来。（有感情地朗诵，并伸手比划动作）

太棒了！

师：好！来，咱们接着学习，还有要交流的吗？

生1：听了承扬同学的个人经历，我实在佩服他。我也有我的个人经历想和大家分享。

师：你的个人经历我们课后再来分享好吗？

为什么呢？能不让学生说吗？

生1：好，那我们组同学还提出了四个质疑，第一个质疑刚才锐婕同学说过了。然后是美子同学提出的，文中雨水的例子能不能删掉？顽石为什么加上双引号，"他翻山越岭，走遍了大半个中国，访名医，尝药草"这一句为什么用的都是逗号，不用顿号？请其他小组给予我们解答。

这几个质疑太妙了，也太神奇了！

（王梦雪学习小组成员站起来）

师：你有话要说吗？

生 7：我来回答一下，不能把雨水的例子去掉。因为雨水的例子是和人物的例子做了一个对比，这样才能更加体现出课题《滴水穿石的启示》的含义，持之以恒而不三心二意，不能去掉。

这里老师最好要小结一下。

2. 小组补充交流

师：还有其他小组有补充吗？

（PPT 展示思维导图如下，明确要求）

安排这幅图的出发点是好的。但此思维导图较为复杂，是给听课老师看的，也没有多大作用。

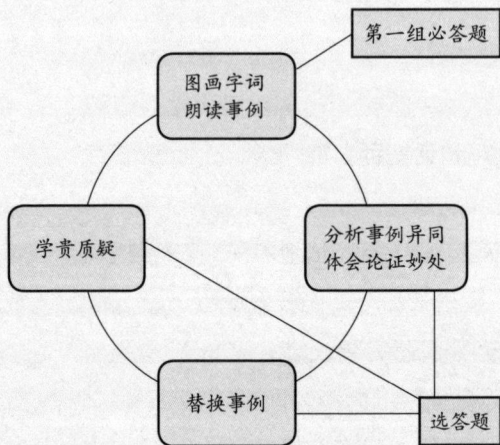

师：我提示一下。第一个小组进行交流的时候，他们会把圈画字词和朗读事例作为必答题，对其他的 3 个部分也有说明，其他的小组只要进行补充。

（叶天宇学习小组成员站起来）

补充不是这节课的主要目的，本节课补充太多了。

生 5：老师，我们这个小组来进行剩下 3 题的一个补充。首先，哦，老师，我有一个意见，我们小组想对刚才吴双小组说的 3 个名人事例，进行简要补充。

师：好，简要。

生5：首先由彩芸同学来补充一下，他们所说的李时珍的事例。

师：其他小组说过的你们就不要再说了，学习需要新鲜的刺激。

这里老师已经着急了，时间不够了。

生8：好，我想给大家讲一个李时珍小时候的故事。

生5：彩芸同学，故事我们可以留到下课再讲。现在呢，你可以挖掘文本中的字词，进行简要的补充就够了。

生8：请大家把书翻到119页，"明朝"是李时珍所处的朝代，"著名"是指特别有名，名气很大，"医药学"是他的职业。

为什么又要补充，老师的作用怎样发挥，值得关注。

生5：这是彩芸同学的补充。下面由莞橦同学对爱迪生这个事例作简要补充。

生9：我来给大家介绍一下爱迪生。爱迪生1847年2月11日诞生于美国中东部小镇，他是著名的发明家，对科学作出过巨大的贡献。

生5：接下来云宇同学对齐白石事例作简要补充。

生10：我要对刚才宇翔同学说的齐白石的事例补充一下。现代著名书画家齐白石，这里的"现代"是时间，"书画家"是职业，"数十年"体现绘画时间长，他持之以恒目标专一，大半辈子都在从事书画。"自勉"的意思是自己用来激励鞭策自己。这是我的补充。

生5：这就是我们组对他们组第一题圈画字词、朗读事例的一个补充。接下来，我们进行剩下3题的补充回答。"有逻辑的独思文本，思考四个事例的异同之处"，由浩然同学来说。

生11：刚才双双那一小组已经说过了，他们职业不同，具有的精神是相同的。我来补充一下，异点还有是年龄不同，齐白石已经是老人了，作画还能达到炉火纯青的境界，说明正是因为他有目标专一、坚持不懈、持之以恒的精神。说明了不管是小孩、老人，还是青年、中年，只要有目标专一、持之以恒的精神，都能成就一番事业。齐白石的前期是干木匠的，并没有深钻书画这个领域，由于目标专一、持之以恒，他还是达到了炉火纯青的境界。这一点就说明了不管前期是干什么的，只要目标专一、持之以恒就能做成事情。还有这3个事例都是男性，能否换成女性事例呢？我觉得可以换一换，海伦·凯勒、居里夫人这两个事例就挺好的。还有他们都是人，还可以用动物的事例来进行补充、论证。（众笑，自发鼓掌）

生5：不得不说，刚才浩然同学说的真是特别地好。请各位同学再一次给他掌声。

（全班再次鼓掌）

生5：接下来，由我对本文质疑。因为我还有疑问，没有得到完全的解释。

师：你说出来，我们一起为你解答。

生5：我们知道本文有4个事例，李时珍、爱迪生、齐白石，还有雨水，那我就想问了，大家看前面，第一页，讲了安徽广德太极洞里的小水滴，这个小水滴算不算得上是一个事例？还是

学生能大胆质疑课文，提出自己的见解，言之有理，实属难能可贵。但要有结果。

说它是一个前文的介绍，是引出下文的？这个我有点不明白了。还有一个，刚才浩然同学已经作了一个简要的说明。我再来说一下，本文事例都是男的，为什么不能换一个女的，我就说换一个女的怎么了，感觉他写得不全面，把男人和女人一起写上去，本文就更全面。

师：围绕论点进行论证就更加地有——

生5：说服力。所以我觉得这是本文的一个缺陷。（众笑）

师：有待你之后去补充。

生12：我来回答一下天宇的问题。在安徽广德太极洞里的水滴，说它是例子也算是，但我觉得它更是一个引出下文的段落。他不能一上来就把李时珍、爱迪生、齐白石的例子讲给我们听，这样就太空了。另外，事例换成女人、动物都可以，可以往那边靠靠。

师：事例应该举得更全面一点，不能局限在某一个方面。是这个意思吧？

生12：（点头）

师：终于把话筒交给我了，谢谢你。同学们请坐。经过你们热烈地探讨，我有些东西要稍微说一下。

四、点拨自学得失

师：安徽广德太极洞内小水滴，能否作为本文论证论点的事例？同学们，论点出现在哪一段？

生：（齐答）第一段。

师：第一段吗？

（右栏批注）

老师这里有点"答非所问"了。

学生一直不放过这些问题，与前面老师没有及时小结有关。也浪费了时间。

老师的作用怎么发挥，值得关注。

69

生：（齐答）第二段。

师：第二段。后面才出现事例，围绕论点去论证。所以论点前面出现的是自然界的现象，本文用自然界的现象引出来"目标专一、持之以恒，才能做成事情"这样一个论点，然后再举了3个事例，古今中外，各个职业，不同领域，不同的身份、出身条件，进行全面论证，这样你明白了吗？疑惑得到解答了吗？

生5：我对郑老师的解答很满意。

师：谢谢你，真给面子。剩下来的问题是能不能用女性事例来围绕论点合理的选取事例去论证。可以呀，只要这个女性的事例能够体现她做事情目标专一、持之以恒，为什么不可以呢？你完全可以课后进行再次的仿写，补充，说不定咱们在座的同学写的文章，能比这篇文章更好呢。有没有这个可能性？

生：（齐答）有。

师：我相信一定有。刚才，有同学是从字词、语句方面来进行分析，还有同学是列举名人事例进行分析，这都非常好。

（PPT展示古今中外的名人图片如下）

这样说学生能明白吗？老师还是要说直接一点。

这里引导的就非常好，很明确，也有激励作用。

这个图片复杂了，也多了。

师：你们看这些都是谁？

（师生互动，逐一介绍，省略）

师：同学们，这些人也算是古今中外的名人，他们在各自的领域里取得很多辉煌的成就，呈现出根深叶茂的态势。很多同学还能从自身说事例，像我们的承扬同学，你的事例也能表现出"语文即生活，生活即语文"，我们要活学活用。

（PPT 展示如下）

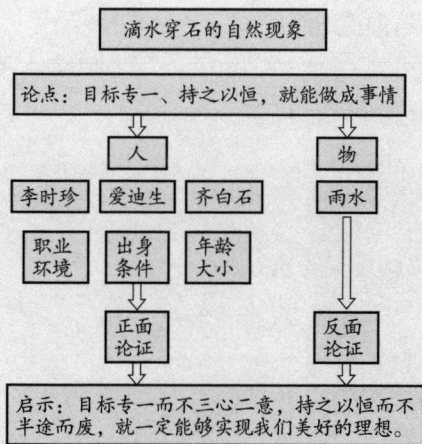

师：看，我们来回顾一下这篇课文的全文脉络。从一个自然现象，引发出了论点，那就是？

生：目标专一，持之以恒，就能做成事情。

师：然后，用3个古今中外的名人事迹说明了，不论职业环境、出身条件、年龄大小，只要有

联系学生实际，非常好，也很有必要。

这里的整理归纳比较好。但怎样发挥好作用，还值得研究。

目标专一、持之以恒的精神，就能做成事情，这是进行正面论证。同时，又拿自然现象雨水不能滴穿石块作为反面论证。最后得出的启示就是？

生：（齐读）目标专一而不三心二意，持之以恒而不半途而废，就一定能够实现我们美好的理想。

师：是啊，漫无目的的雨水从天而降只能转瞬而流逝，而小小的水滴因为目标专一，总是落在一个方向，它能持之以恒，在漫长的岁月里不断地付出这种努力，最终把石块滴穿。同学们，现在把眼睛闭上。

五、巩固自学成果

师：播放水滴滴落的声音，营造静谧的氛围。

生：闭眼冥思。

师：想一想，今天的交流你开心吗？你想给哪位小伙伴点赞，觉得他太有魅力了。

生：回答（省略）。

师：经过这堂课的学习，你感触最深的地方在哪里？学会和自己交流吧孩子。

（PPT 出示如下）

> 一课一得有收获，
> 有思有论见成果。
> 水滴声里悟启示，
> 读书声中感慨多。

生：（齐背）目标专一而不三心二意，持之以恒而不半途而废，就一定能够实现我们美好的理想。

（PPT 展示如下漫画和提示）

简要描述现象 → 现象引发论点 → 多种论据论证 → 最后得到启示

这里的提示太概念化了，学生不一定能记住和理解。

师：这两幅漫画留给你们作为课后作业。请根据今天的行文脉络进行小练笔。我们要把课堂上的学习延伸到课外去。

课外拓展好！

师：最后，老师赠同学们曾文正公箴言助成长。曾文正公所说如下。

> 盖士人读书，第一要有志，第二要有识，第三要有恒。有志则不甘为下流；有识则知学问无尽，不敢以一得自足；……有恒则断无不成之事。
> ——《曾文正公全集》

这句话学生能看懂吗？不能搞形式主义，也没有必要。

下课！

附：小组自学清单

22. 滴水穿石的启示

自学重点：

了解本文列举四个事例的异同之处，学习围绕论点选取合适事例的方法。

自学要求：

    有感情地朗读事例，读出人物具有的水滴精神。

    有重点地圈画字词，圈出体现人物精神的字词。

    有逻辑地独思文本，思考四个事例的异同之处。

    有条理地批注见解，注写可替换的事例或质疑。

事　例	相同点	不同点	可替代事例	质　疑
李时珍				
爱迪生				
齐白石				
雨　水				

二

整体评价

    听完这节课，激动不已，也深感意外和惊喜。其原因主要有以下几个方面。

    一是从老师来讲。郑怡，女，1986年2月出生，中文系本科毕业，古代文学研究生学历。她在多个不同单位任过职，2016年才加入我区教师队伍，现在合肥市琥珀名城小学，担任语文老师只有一年多时间。作为一位年轻教师，教育工作时间不长，能把课上成这样，还是很不容易的。她有想法有做法，教育教学效果都不错，这是值得充分肯定的。

二是从上课来说。首先自学重点定位准确。"引导自学"型课堂，至关重要的是自学重点的确立。教师在确定自学重点时，不容易把握准确。浅了，自学交流流于表面热闹，缺少思维训练的价值；深了，人为造成许多自学障碍，学生不知所云，自学交流很可能回潮为教师的讲授；多了，重点不突出；少了，学生又吃不饱。在日常教学和某些研讨课上，我们看到部分老师简单地将教参上的教学目标作为自学重点，缺少对学生能力发展梯度的清晰认识。明确自学重点应立足于对教材体系的整体认识上，应发力于学生能力发展的关键点上。苏教版教材议论文选文篇数少。作为五年级上册的这篇课文，是学生第二次接触议论文，也是第一次接触从正反两方面列举事例作为论据的。作为高级段的学生，要学会针对不同文体的阅读策略，来实现阅读内化与写作表达的融合需求。郑老师所确定的自学重点，不仅抓住了这篇课文在同类选文中承上启下的作用，也抓住了高年级学生阅读能力训练的关键点，是非常恰当的。

其次，教学常规训练有素。在这堂课中，学生真的是太优秀了。小组合作和小组汇报都是训练有素的。小组交流和全班汇报时，"组导"（小组长）发挥了重要的作用，安排了发言的次序，对同学的发言进行小组意见的整合和引领。学生的发言有较规范统一的方式。这样有仪式感的发言，强调了学生的倾听和吸纳，提升了课堂对话的有效性，提高了"小组交流"和"全班交流"的效率。发言同学也得到了尊重，学生的表达自信受到了极大鼓励。

再次，学生地位充分彰显。整节课，自学时间和小组交流、全班交流时间共计27分钟，给足了学生自主学习、合作交流的时间，充分发挥了学生的自主能动性。在这样长的时间里，学生保证自学的注意力和交流的主题不偏离，这源于郑老师日常的课堂训练——组员、组导、班导各司其职，也得益于教师的自学提示，导学清晰——"读、画、思、注"四步，有策略有方法也有内容指向。即使是巩固自学的5分钟时间，老师也还给学生。通过播放水滴声，请学生闭目回味本节课的收获，让学生在静谧的氛围中与内心对话，将课堂所学内化于心。更为关键的是，老师能够充分信任和尊重学生，也给予学生提问和质疑的权利，才得以实现学生思维火花的碰撞，实属难得。

最后，教学语言颇有风格。郑老师的教学语言让人印象深刻，她的语言精炼，句式工整，课堂过渡语也多为短句和名言，自成风格。冰冻三尺，非一日之寒，这源于老师丰富的语言积累，这是每一位语文老师需要每日修炼的功课。

当然，也有两个问题值得思考。一是听完这节课后，我有一个很大的疑惑——学生课堂发言极为精彩，这个班学生表现太优秀了，大大出乎我们的预料。这让我有所猜忌，会不会是提前打造的表演课。回来的路上，我就告之教研员郑玉茹老师，要她进一步了解情况。后来，她和郑怡老师联系了。郑老师坦诚地告知，确实提前布置学生来收集相关事例资料，但没有提前在这个班级里试上过。浏览郑怡的QQ空间，可以看到她班级里的读书交流活动中，学生的发言也是非常精彩的。这也可以看出，她是一个把爱倾注到语文教学事业中的老师，这也稍稍消除了我们的猜疑。希望区教研员下学期，能再次深入她的班级进行跟踪听课，探寻和了解情况，并加以推广和宣传。二是在这里必须要强调的是，这堂课只用了24位学生来上课，这是非常不妥当的，也不允许。一方面，剩下的没有来上课的学生怎么办？是放任自流还是上其他课？我为这些学生担心；另一方面，来上课的学生可能是挑选出来的"好"学生，没有来上课的肯定是"差"学生，这就是歧视性行为，对学生没有任何好处。如果让家长知道了，将十分被动，也不好交代。当然，这种现象现在还具有一定的普遍性，我在各级各类甚至全国范围内的教研活动中，都经常见到，也都只有二三十个学生。这也许不是故意的，可能是上公开课时学生坐不下，场地小了等原因，只好一个班拆分成两个班来上课。即便如此，我在这里还是要郑重指出，不管什么活动，老师上公开课，一定要让整个班级学生都来上，如果拆分成两个班都上同一课，就是不同的老师来上同一课也行，那也好说，一定要公平公正地对待我们的学生。绝不允许对学生有歧视性行为出现，否则，对学生的伤害是很大的，也无法挽回。

三

我区概况

目前我区共有18所学校，主动加入到何炳章"自育自学"课题实验中来，实验教师有200多人，实验班级近100多个，实验学生有好几千人。"自育自学"实验提升了一批名校，我区合肥市少儿艺术学校"全课题"推进实验工作，成为社会认可的好学校，合肥市和平小学东校、合肥市蚌埠路第二小学、合肥市长淮新村小学，连续3年被评为全国冰心文学优秀获奖单位。"自育自学"实验还培养了一批名师，原合肥市行知学校张正茂老师，从2008年开始进行初中数学"引导自学"型课堂教学实验改革以来，中考数学成绩优异，其实验班被评为"合肥市优秀班集体"，个人被评为合肥市"学生心目中的好老师"。

为了使实验扎实有效地开展，每学期我区教研室都要制订有针对性的实验计划，内容涵盖理论学习、调查分析、课堂实践、反思交流等，采取点面结合、集中与分散相结合的研究形式，力求把课题研究工作落到实处。按照"引导自学"型课堂教学的要求，开展"自我研究——自我实践——课堂展示——同伴互评——专家指导"的行动研究，努力转变教学观念，改变课堂教学行为方式，促进师生共同发展。

这么多年来，我区各实验校以公开课为主线，开设"引导自学"型研究课。每位老师在研讨之前，都把教案反复修改，找准每节课的自学重点。大家从教材到学情、从预设到生成、从结构到节奏、从总体到细节等方面，都进行严谨、科学、细致、深入地探讨。同课异构更是将"引导自学"型课堂与常规教学进行对比，使大家在交流研讨中提高认识。上完公开课后还进行认真地反思，真正把教师的"教"落实到学生的"学"上，把课堂还给学生。以课抓实验，以课促成长，切实提高课题实验的有效性，积极探索教育本真，并力争取得更大的突破。

四

实验感悟

教育家何炳章先生早在上世纪80年代就说过："教育教育，就是教学生会自育；教学教学，就是教学生会自学。"这是"自育自学"的理论精髓。其中，他的"引导自学"型课堂教学改革就非常好，一方面是以学生的终身发展为落脚点的，是"教育之本"、"人生之根"。另一方面，与新课改的理念也是一脉相承的。所谓"引导自学"型课堂，是指在教师的精心组织和引导下，学生有较为充分的时间自主学习、自行探究的课堂，是将课堂由教师的"讲堂"变成由学生基本自学的"学堂"。具体包括五个环节，一是明确自学重点，二是围绕重点自学，三是交流自学情况，四是点拨自学得失，五是巩固自学成果。

何先生"引导自学"型课堂教学改革具有一定的先进性，主要表现为以下几个方面：一是引导学生自主学习，学会学习，这一教学改革的指导思想和出发点值得肯定，也有推广价值。二是形成了一定的教学模式。"引导自学"型课堂教学，分为五个环节来进行，环环相扣，一气呵成。三是老师比较容易操作。五个教学环节思路清晰、目的明确，可操作性强，老师容易上手，比较接地气。四是实验效果比较理想。通过这么多年的实验表明，实施这样的课堂教学改革，效果还是非常不错的，老师受益，学生更受益。

结尾诗

两校联合来研讨，
引导自学把课上。
学生表现实在棒，
令人佩服又心跳。
郑怡老师很年轻，
素质不错新希望。
学生风采尽展示，
课堂教学提质量。

第六课　小学书法

　　2017 年 12 月 25 日下午，合肥市郎溪路小学举行"五校联盟"教研活动。虽然只是五校联合开展的一次活动，但有来自全区各校几十位老师参加了听评课。本次教研活动，第一节是由合肥市郎溪路小学江锡奎老师上的书法课，课题为《日字旁》。第二节是合肥市大店小学的姚雅婷老师所上的美术课，课题为《生活日用品的联想》。两节课的教学效果都是非常不错的，也有很高的研究价值。

　　下面，重点介绍江老师的书法课。这节书法课是在现代化数字书法教室上的。走进郎溪路小学数字书法教室，那装饰精美的教室，古色古香的课桌，现代化教学设备，让人心旷神怡。特别是在教学中，每个学生的座位上，都配有一个平铺的交互式数字临摹台。在这个临摹台上，学生可以查看相关教学资料，可以用触控笔进行书法练习，而且师生电脑联动能实时地有选择性地进行上传互动，教学效果非常好，也让人大开眼界。

教学过程

合肥市郎溪路小学江锡奎老师所上的《日字旁》这一课，具体的教学过程如下表所示。

《日字旁》教学过程

教 学 目 标	简 要 点 评
一、教学目标 　1.认知目标：掌握日字旁笔画的构字方法。 　2.技能目标：正确掌握"昧、晓"结构比例。 　3.审美目标：感受汉字艺术的有趣和神奇，热爱中国书法。	目标明确，效果不错。但语言表述值得推敲。
二、教学重点 　学写日字旁及日字旁组成的汉字。 三、教学难点 　掌握日字旁偏旁字的左右结构的构字方法（穿插与揖让），理解左右结构组合的内在联系。	重难点把握准确，有利于学生的学习和练习。
教 学 过 程	
一、课前导入 　1.导入新课 　师：在上课之前，请同学们看如下一副对联。	导入新课有新意。

> 端端正正写中国字
> 堂堂正正做中国人

生：心里默读对联。

师：我们从小接触汉字，学写汉字，汉字将伴随着我们的一生。作为一名中国人，应该写好我们的中国字。

人们常说"字如其人"，在写好中国字的同时，我们更应该领略其中的精神——"堂堂正正"，做一个正直、诚实、勤奋的人。

生：再大声朗读一遍对联。

2.介绍汉字的发展

师：汉字的历史可谓是源远流长，经过几千年的发展，汉字演变成多种书体，下面我们就来认识一下。

（出示PPT如下）

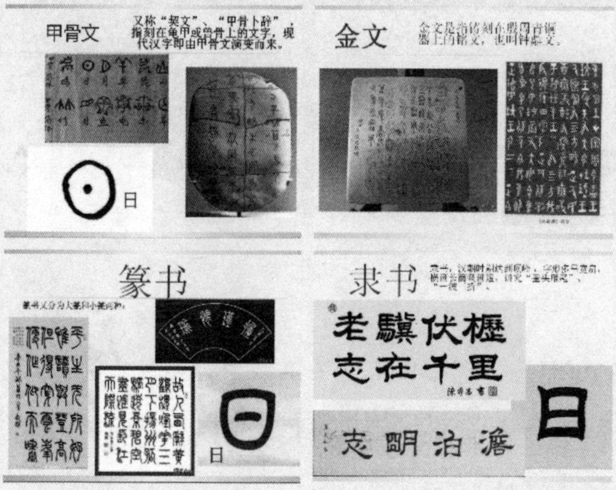

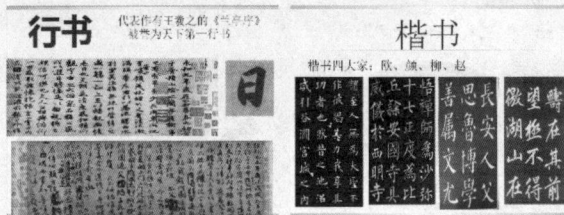

师：分别介绍甲骨文、金文、篆书、隶书、草书、行书和楷书（省略）。

（PPT出示楷书四大家如下）

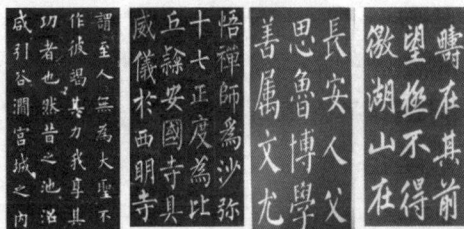

楷书

楷书四大家：欧、颜、柳、赵

师：那么，我们今天这节课就来学习颜体"日字旁"的写法。

二、新授指导

（一）指导"日字旁"的书写

师：我们打开屏幕书法专业版的快捷方式，来看一下"日字旁"。

生：操作。

师：日字旁是由日字演变而来，含有日字旁的字大多与太阳和时间有关，日字旁在汉字中可居左，也可居右，即可做字头也可做字底。

介绍汉字的历史有好处，但搞复杂了一点。应聚焦"日"字字体的演变过程，从而突出主题。

导入新课时间稍长了一点，可以简化。

介绍得比较好。

生：观看屏幕（省略）。

1."日字旁"的特点分析

师：那么下面我们来观察一下，日字旁有什么特点？等会大家来告诉老师。

生：日字旁窄而且长，在竖中线的左边。

师：很棒，请坐。还有哪位同学有新的发现？

生：横画短而且细，竖画长又粗，三个横向笔画之间的距离基本相等。

师：很好，观察得也很仔细，请坐。还有谁？

生：中间的横画短，左低右高，将左右两边的竖画连接在了一起。

师：说得非常好，看来你们对书法都有一些了解。

2."日字旁"的笔画顺序

师：我们了解书法的特点之后，老师还想再问一问同学们，"日字旁"的笔顺是如何书写的。

生：竖——横折——短横——横。

师：真棒！看样子你们对汉字的笔画顺序掌握得很好。那么接下来请同学们伸出你的右手食指，跟老师一起来书空练习。

生：书空练习。

3.教师示范书写"日字旁"并讲解其要点

师：示范书写，并讲解"日子旁"的书写要点（省略）。

生：一边听一边看。

4.学生在屏幕上临摹日字

师：我们再来看看书法家们是如何书写的，

培养学生的观察能力和语言表达能力，非常好。

书空练习效果不错。

老师用笔小了一点。

观看书法家的写法，很有必要，效果不错。

播放视频。

生：观看。

生：拿出电子笔，在屏幕上进行临摹和书写。

师：哪位同学愿意展示一下，好，你来试试。把屏幕切换到该同学的桌面上。

生：其他同学仔细看。

生：点评（省略）。

师：小结（省略）。

利用先进的电子设备来服务教学，让人耳目一新。但学生写的是"日"字，不是日字旁。

师：刚才学写了日字旁，接下来我们把日字旁带到例字当中，去看一下它又有什么不同之处。

过渡比较自然。

（二）指导"昧"字的书写

1. 讲解例字"昧"

师：我们首先来看这个"昧"字，请同学们互相讨论一下它有什么特点？

生：讨论。

生：左小右大，左窄右宽。"日"字在竖中线的左边，"未"字在竖中线上。

师：好，还有哪位同学说说你的发现？

生："未"字两横在横中线上，收笔时有顿笔，并且左低右高。

师：很好，这又是新发现，还有谁愿意说说？

生：竖画变成了竖钩，写在竖中线上，撇画短而且细，捺画粗又长。

养成良好的观察习惯，很有必要。

师：分析得很到位，请坐。但是我们还要注意一点，这个撇捺不能比竖钩长。

2. 教师示范"昧"字写法

师：示范书写（省略）。

生：观看。

师：分别介绍横画、竖钩、撇画、捺画在书写时要注意的问题（省略）。

3. 学生在屏幕上临摹"昧"字

师：看完老师写的，我们再来看看书法家们是如何书写的，播放视频。

生：观看。

生：拿出电子笔在屏幕上进行临摹书写。

师：哪位同学愿意展示一下，好，你来试试。把屏幕切换到该同学的桌面上。

生：同学们仔细看。

生：点评（省略）。

师：总结（省略）。

（三）指导"晓"字的书写

1. 讲解例字"晓"

师：接下来我们再来看看"晓"有什么特点？好，你来说。

生：左小右大，左窄右宽，右边的"尧"在竖中线上。

师：观察很仔细，请坐。还有谁来说一说？

生：右边的"尧"是一个繁体字，上面的"土"和中间的草字头在横中线的上方，下面部分在横中线的下方。

老师现场示范，效果不错。

微课非常好。

同学们相互点评，非常好。

是否应引导学生观察字形，体会汉字的音形义统一和谐的神韵，值得研究。

师：你的观察真细致，坚持下去你以后可能就是一位大书法家，请坐。

2. 教师示范"晓"字写法。

师：示范写"晓"（省略），并重点介绍"竖弯钩"的写法。

生：观看。

生：再观看书法家们是如何书写的。

3. 学生在屏幕上临摹"晓"字

生：拿起电子笔在屏幕上进行临摹书写。

师：哪位同学愿意展示一下？好，你来试试。

把大屏幕切换到该同学的桌面上，看该同学所书写的情况。

生：同学们仔细观看。

生：互相点评（省略）。

师：小结（省略）。

师：我们学写了"日"、"昧"、"晓"，并且在屏幕上进行了临写，接下来我们真刀真枪地操练一下。拿出毛笔和纸，在田字格当中将这一个偏旁和两个字各写三遍，好，开始。

（放音乐，教师巡视并指导坐姿：身正、肩平、臂开、足安）。

生：练习。

三、作品展示

师：很多同学都已经写完了，哪位同学愿意上台来展示一下，好（请3名同学）。

生：3名同学上前台展示作品如下。

非常好。

切换到该同学的显示屏非常好，针对性非常强，体现了现代教育技术的优越性。

展示学生真实的书法作品（而不是电子作品），并进行点评很有必要，效果不错。

生：4名同学简要点评（省略）。

学生评价非常好。

师：总结（省略）。

四、总结提升

师：今天我们学习了一个部首两个例字，从同学们书写的情况来看，大家都掌握得不错。不过老师还是希望同学们能够在课余的时间勤练习，只有反复练习，你们的字才会有进步。今天老师选用颜体，是因为颜真卿不仅是一位伟大、勤奋的书法家，同时他还是一位刚毅、正直的人，希望同学们在以后的书法学习中，能够将颜公的刚毅与正直带进去，同学们能不能做到？

生：（齐答）能！

生：大声朗读——"端端正正写中国字，堂堂正正做中国人"。

前后都让学生来大声朗读这句话，没有必要。这不是关键。

师：好，下课。

简要点评

合肥市郎溪路小学江锡奎老师的这节书法课，与传统书法课相比，在数字化技术的应用方面，既让人耳目一新，又有一些短板和不足。我在最后点评时，对这节课的优点和存在的问题都谈了一些看法，供老师们参考。

本节课的优点还是比较多的，概括起来主要包括这样几个方面：一是江老师教学基本功比较扎实，语言简洁流畅，教学准备充分，条理清晰，环环相扣，展示了良好的书法教学素养；二是将育人贯穿始终，江老师从"端端正正写中国字，堂堂正正做中国人"说起，并且首尾呼应，融育人为一体，传承了中国优秀的传统文化，这也是书法教学的重要目标之一；三是敢为人先，充分发挥现代教育技术的作用，为传统课堂注入活力，大量书法素材的展示，不仅开阔学生视野，而且激发了学生书写的兴趣；四是书法名家书写教学视频的播放，让书写方式、运笔的轻重、停顿、转折等，以及字的结构，能够更清晰地展示在学生面前，从而更有利于学生的学习；五是学生现场电子笔临摹后，再用毛笔来书写，能让他们体会到不一样的书写工具所带来的不同体验。

当然，这节课美中不足的是：首先与传统课堂相比，由于新技术的应用老师还不太熟悉，太多时间应用在操作上，缺少了小学生课堂上应有的天真活泼的氛围。所以，建议教师在上课之前，就应该对数字书法技术要熟练掌握和应用，这样才能达到锦上添花的目的。其次，电子笔的应用虽然新颖，但只是一种软笔，与毛笔还无法相比，也没有毛笔的手感，无法让学生真正感知毛笔书写的笔法。另外，学生练习的屏幕太光滑，也没有纸的感觉，反而远离了毛笔教学的本真，这都是在技术上还需要加以改进和完善的。再次，在认真临帖的基础上，还要对汉字进行分析和解读，临摹时在追求形似的同时还要琢磨神似。第四，这节课学生动笔时间不够，还有语文课的味道。书法课就要让学生多写、多练，一定要加大书写的力度。第五，本节课先教学"日"字的写法，然后再写"昧"、"晓"。这两个字都是左右结构，那么上下结构的字怎么办，还有"曰"字呢，是否需要有个交代或留下悬念，也是值得探讨的。总之，信息时代，信息技术融入课堂已是大势所趋，这是所有老师都要面临的一大课题，如何将传统教学与新技术更好地融合，让技术的应用能使我们的课堂更轻松、更愉快，学生学习更好，还是值得关注和研究的。

三

听课感悟

博大精深的中华文化绵延不绝，作为文化的重要载体——汉字，在其中就扮演着重要的角色。汉字是中华五千年文化的载体，是传播文明的工具，它具有很强的社会性。作为汉字的外在表现形式，书法也就承载着重要的历史使命。可以说，书法是将实用性和艺术性结合得最为完美的艺术之一。书法是一门艺术，是中国古老文化中的一枝奇葩，是我国优秀的传统文化。学习书法不仅要学会简单的书写，还要学会欣赏书法名作，了解其发展的历史、文化背景以及与它相关的知识。

中共中央国务院印发的《关于全面深化新时代教师队伍建设改革的意见》（2018年1月20日）就明确指出："根据基础教育改革发展需要，以实践为导向优化教师教育课程体系，强化'钢笔字、毛笔字、粉笔字和普通话'等教学基本功和教学技能训练。"教师教育都是如此，更何况是中小学教育呢？由此可见，书法教育在中小学校实在是太重要了。

中小学生是中华文化的继承者与弘扬者，加强中小学书法教育，激发广大中小学生对书法文化的热爱之情，是关乎中华文化普及与发展的重要保障。但由于受中高考指挥棒的影响，书法难以跻身主流学科。在当今中小学开展书法教育仍困难重重，各地也冷热不均，在青少年学生中也无法掀起蓬勃发展的热潮，大多数学校只是将书法课等同于写字课和美术课等。存在这些问题的主要原因是：1. 书法教育的目标尚不明确；2. 还没有形成广泛的共识；3. 当前书法教育的功利性太强；4. 书法的社会实用价值大大降低；5. 师资匮乏、课时不足、教学形式单一、方法不当、经验不足等，这些是书法课难以提高学生兴趣和书法水平的重要原因。

总之，在大力推进素质教育和实施新课改的今天，书法教育可以培养学生的审美素养、文化素养和创造素养，陶冶学生的情操，培养学生良好的道德品质，提高他们的艺术想象力，养成良好的行为习惯和提高智力水平。中小学书法教育要做到以下几点：一要统一思想，形成共识，齐抓共管。二要明确教育目标，加强课程建设，丰富教学内容。三要提升教师自身综合素养，培养专职教师。四要大胆探索与创新，扎扎实实做好书法教学工作。五要提高学生学习书法的兴趣，让学生真正喜欢书法课，培养良好的书写习惯。六要充分发挥信息技术的作用，来提高书法教学的效果和质量。

结尾诗

五校联动新模式，

不同学科来研讨。

端端正正写好字，

江老师教日字旁。

现代技术用课堂，

耳目一新有希望。

书法教学不容易，

传统文化需弘扬。

第七课　创客教学

2017 年 6 月 9 日上午，合肥市创客教学展暨洪福名师工作室在我区香格里拉小学隆重举行，本次教学观摩研讨活动的成功举办，也开创了合肥教育的先河，取得了很好的效果。参加本次教学观摩研讨活动的领导有合肥市教育局副局长王勇、市电教装备中心主任陈良生、市教育科学院副院长陈明杰、信息中心主任田钰，以及来自全市的 100 多名骨干教师参加了本次活动。我局相关人员也全程参与了此次活动。本次观摩研讨活动也让我大开眼界、受益匪浅。

这次活动共分为三个部分来进行。下面，主要针对两节创客课来进行分析和研究。

这两节五年级观摩展示课，是由合肥市香格里拉小学沈京杰、王丹丹两位老师共同执教完成的。所上的课是《美丽的圣诞树》，分两个课时连续来授课，第一课时由沈京杰老师主教，王丹丹老师辅助教学；第二课时由王丹丹老师主教，沈京杰老师辅助教学，两人合作完成了这一课的教学任务。

一

教学过程

这连续两堂课的具体教学过程，如下表所示。

教 学 过 程	简 要 点 评
第一课时 **一、引出 LED 灯** 　　师：出示学校大门口的图片（如下所示），引导学生看电子屏。 　　生：齐读——合肥市香格里拉小学欢迎您！ 	导入新课非常有新意，对学生和听课老师都很有亲切感和吸引力，也直奔主题。
师：顺势引导学生和听课老师打个招呼。 　　生：欢迎听课老师！	同学们和听课老师打招呼，不做作，很自然、得体，效果好。
师：这些字是怎么显示出来的？ 　　生：回答（省略）。 　　师：投影出示下图，并问组成这个电子屏的主要部件是什么？谁知道？ 	提出问题、启发思维，做好铺垫，很有必要。

生：LED 灯。

师：对！这块 LED 电子屏就是由一个个 LED 小灯组成的。LED 灯有别于传统的白炽灯和荧光灯。

师：投影出示白炽灯、荧光灯的相关图片（省略），并加以说明。

这里联系白炽灯和荧光灯的出发点是好的，但下面接着再投影介绍这两种灯的有关情况时，对于学生来说容易产生误导。因为学生有可能认为我们日常生活中灯就这 3 种，所以欠妥当。

二、介绍 LED 灯的结构和特点

师：LED 的核心部件是中间的半导体芯片，这个半导体芯片可以直接将电能转化成光能。整个的灯体结构用环氧树脂密封起来。

难道"节能"和"低功耗"有什么区别吗？有点重复和不妥。

LED 灯的这种特殊结构使它具有节能、环保、安全、寿命长、低功耗、低热、高亮度、防水、微型、防震、易调光、光束集中、维护简便等特点。

投影出示 LED 灯如下：

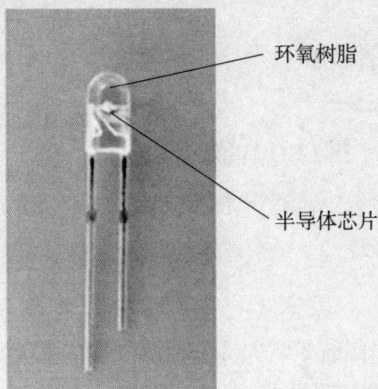

环氧树脂

半导体芯片

这里的教学效果是不错的。但是否需要简要介绍一下其发光原理，也值得研究。

师：根据这些特点，LED 灯有着广泛的用途，例如用 LED 灯做交通灯就非常合适。因为交通灯是 24 小时不间断运行，而且在室外，这就要求用于交通的灯最好具有寿命长、省电、防水和易维护等特点，LED 灯就完全满足作为交通灯的要求。

师：投影出示交通信号灯，如下图所示。

师：那现在请同学们根据 LED 灯的这些特点想一想，LED 灯还适用于哪些场所呢？

生：回答（省略）。

师：根据学生回答情况，进行板书（省略）。

三、思维爆炸图

师：看来有很多同学都想说。那就请同学们拿出纸和笔，画个 LED 灯应用的思维爆炸图，把你能想到的都写上去。

生：思考、填写并汇报展示（省略）。

四、布置任务

师：老师看到很多同学都提到了用 LED 灯很适合做圣诞彩灯，大家看看这是什么？（打开教室前面松树上面的彩灯）

生：圣诞树。

师：但是我觉得这个圣诞树太普通了，大家想不想设计一个特别一点的圣诞树？一个独一无二的圣诞树。

生：想。

师：板书课题"美丽的圣诞树"，并投影出示如下的任务要求。

基本要求

结构要求：用现有的结构件，搭建一棵树，然后将 3 个 LED 灯模块固定在树上。

程序要求：3 种颜色的 LED 灯按照一定的规律循环点亮。

让学生明确基本要求，是很有必要的。

师：你们利用材料箱中的 3 个 LED 小灯和所有的结构件，怎样做一棵独一无二的圣诞树？

生：回答（实用性、加车轮、加一个包……）

五、设计草图

师：请同学们在创客本上设计出自己的圣诞树草图和程序的流程图。

此处老师最好还要拓展、引导一下，否则学生回答都差不多。

生：分组用 15 分钟时间，独立设计（省略）。

有利于培养学生的分工合作意识和能力。

师：用手机拍摄学生设计情况，并上传到大屏幕上（现场直播）。

师：小组内评选出满足基本要求并且最有创意的设计草图。

老师用手机将学生设计情况，上传到大屏幕上，这非常新颖，效果也非常好。

生：交流、研讨并汇报（省略）。

下课！

学生展示的内容还是比较丰富的。但老师的点评一定要跟上，要到位。

第二课时

一、导入新课

师：上节课，我们在沈老师的带领下，绘制了思维导图，设计了形态各异的圣诞树。这节课，我们就来把这些创意转变为现实，用我们手中的工具盒把它拼搭出来。

连续两节课在同一个班级来上课，这很少见，也是很有必要的，学生的学习和创新就比较充分。

二、提出要求

师：拼搭前，我们先来回顾一下基本要求。投影出示基本要求（上节课已出示过了，如上所示）。

师：请各组组长和你的组员仔细核对，等会请组长统筹安排好各组员活动。

各组小程序员们是否已对程序的编码胸有成竹？各位材料员是否已对结构草图了如指掌？你们准备好了吗？开始吧！

分工、合作这非常好。

三、学生实践

生：分组打开工具箱和电脑，用15分钟时间进行操作实践。

学生5人一组，分工明确，这是很有必要的，能培养学生的合作意识。

师：播放背景音乐。

配乐效果不错。

师：分组随机采访各组操作情况，并直接上传到大屏幕上（省略）。再选取一组作全面介绍。

生：介绍情况（省略）。

师：这组非常井然有序地进行着，请组长介绍分工情况。

生：我们这组生1是程序员，生2是材料员，

老师分组采访并上传到大屏幕上，效果非常好，也提升了学生的表达能力。但其他小组的同学不一定在听，因为自己要干自己的事。这该怎么办呢？值得研究。

生 3 和生 4 拼搭员。

师：（采访生 3）拼搭员，你现在在做什么？需要用到哪些材料？

生：我在拼搭圣诞树的枝丫。我现在还没拼好，等会我准备用 3 个结构件、3 个 LED 灯、蜂鸣器和螺丝。先用螺丝将结构件和 LED 灯安装到圣诞树的主体上，然后用角码将圣诞树的主体和主板连接起来，这就是我负责的任务。

师：（采访生 4）你负责哪一部分？

生：我负责的是我们组方案中最重要的部分——圣诞树树顶上的时钟。但因为材料所限，我们在这堂课上无法实现，所以用了结构件里的圆形齿轮来代替，等以后材料充足了，一定把它放到我们的圣诞树上。

没有器材，这有点遗憾。

师：采访程序员——请你介绍一下你们组编译的程序。

生：我现在是对照着我们组的流程图来编译程序的。

生：小组完成后，到黑板上贴出本组号码（6、8、2、4、3、1、7、10、9、5 小组）。

师：比比哪组最高效（省略）。

按完成的先后顺序贴出小组号，有激励作用。

生：收拾并整理好材料盒。

整理好材料，这很有必要。

四、展示点评

师：同学们都已经制作出了独特的圣诞树，请以小组为单位，先在组内进行交流，等会儿请同学们上台来分享。

生：分 10 个小组依次展示创作模型，并从以下几个方面来介绍和分享。

1. 各个组员的分工情况；

2. 圣诞树的名称、特点；

3. 圣诞树的运行方式，解说流程；

4. 制作过程中的收获和遗憾。

…………

师：适时点评（省略），并在最后请所有作品集体的代表，在讲台前亮相。

师：台上一棵棵闪耀的圣诞树，其实就是小创客们一颗颗跳动的心，非凡的创意，合作的智慧，真诚的分享，让我们每个人都在这堂课里找到了快乐。但是由于材料的限制，有一些创意想象无法在今天的课堂上实现，请同学们课后，再认真探索，找到方法，完善作品，创造出更独特更美丽的圣诞树。

下课！

> 这里的分组展示和说明非常好，学生表达的非常清晰、流畅，学生的表现的确让人震撼。

二

听课感悟

上完课后还进行了点评。大家认为，第一节课的亮点在于学生能自然地描述构想，并细致耐心地绘制思维导图，教学效果不错；第二节课的亮点在于分组进行分工合作，学生动手制作，展示了创客教学的风采。执教老师根据学生的特点和实际，让学生取得成功，体验成就感，从而激发他们的学习兴趣，享受创客的乐趣，这也是创客教学的魅力所在。特别是在最后的分享和交流过程中，学生们能够根据自己的创客作品，讲解自己的设计目标以及创作过程，明晰的思路、简练的语言、真实的创客体验，让学生沉浸在创客的快乐之中，让我们很是意外。合肥市教科院陈明杰副院长对这两节创客课给予了充分肯定，并称赞洪福名师工作室敢为人先，开创了合肥市乃至安徽省创客教育的先河，号召今天参与活动的教师，都要积极投入到创客教育大潮之中。

听完这两节课，让我深有感触。最后，我说道："今天上的是《美丽的圣诞树》，要我说应该是神奇的圣诞树。概况起来讲就是——神奇的创客、神奇的教学、神奇的手段、神奇的效果，这样的创客课太让我震撼了。"我用这"四个神奇"来概括这两节创客课的特点，完全是有感而发，是一种真情流露，我要感谢两位老师给我们带来这样神奇的课，这也是我第一次见到。

当然，瑕不掩瑜，这两堂课在以下 5 个方面还是值得研究的。一就是灯的种类的问题。市场上到底有多少种类型的电灯，这里千万不能让学生误认为就 3 种，即白炽灯、荧光灯和 LED 灯，否则就会出现知识性错误，对学生的可持续发展也是非常不利的。二是教学中老师采用投影的方式来介绍几种灯，形象逼真，非常好，但毕竟是"假的"，不是真的，教学现场——多媒体报告厅，就有三种不同类型的灯，即吸顶灯、射灯和 LED 灯，那么吸顶灯和射灯到底是什么灯，老师如果能"现场说法"，教学效果就会更好。三是要加大对比力度。无论是学生所画的"思维爆炸图"，还是学生的创客作品，最好都要进行相关对比，这样就能提高教学效率，拓展学生视野，促进学生发展。四是学生要不要提前做一些准备，否则这样的课确实难上。从这两节课的实际效果来看，学生素质是很不错的。上课前，学生做一定的准备是需要的，但学生准备多了，是否有上假课之嫌，这是要绝对避免的。五是关于辅助教学的问题。这两节课都是由两位教师共同合作完成的，一位老师主讲，另一位老师来辅助教学，但是怎么辅助教学？怎样合作教学？效果还不是很明显，看的还不是很清楚，还需要加以研究和实践，并力争取得突破。尽管如此，我还是认为，这两节课是非常成功的，也十分精彩，值得大家学习和研究。

三

现状分析

虽然创客教育刚刚兴起不久，但它已成为人们持续关注的热点问题，创客运动对教育领域的影响也是毋庸置疑的。以培养各类创新型人才为主要目标的创客教育，开始成为一种新的教育形态，它可以激发学生的创新思想，促进学生的可持续发展。

创客教育是一种以"创造中学"为主要学习方式、以培养各类创新型人才为目的的新型教育模式。创客教育的核心要素在于通过学生动手实践，培养他们的创新思维和创新技能。实践表明，创客教育的确能够激发学生的创造动机，从而提升学生的创新能力。

创客教育不仅会影响学生的发展，也会影响到教育本身。具体表现在三个方面：一是改变教育内容和教育方式，这也必将会对整个课程的体系产生积极的影响。二是为学生提供一个新的平台，丰富学生学习的思路与方法。三是实施创客教育的教师，也更容易获得新思想、新技术和新发展。

学生的创客学习是一种融探究、设计、创造、合作于一体的项目学习范式。创客学习的核心特征是知、行、思、创的统一。它不再依赖于昂贵的实验设备，只需凭借廉价的创新工具，通过简单的设计与编程即可实现自己的创意，从而为师生提供更多的知识与技术相融合、创意设计与实际应用相融合的机会，也为创新教育的实施开辟新的园地。毫无疑问，创客教育将改变我们学校的教学方式，它能减少标准化教学和测试对学生个性化发展带来的损害。创客教育的关键点是，如何把创客空间整合到现有的教育项目之中。教师要学会把课堂变成一个充满活力的创客空间，鼓励学生来创造和创新，从而实现"我的学习我做主"，帮助学生点亮自己的创新之灯，让他们的创新思维之光闪烁。

当然，从目前学校的现状来看，创客教育还存在一些问题，主要表现为以下几个方面：一是创客课程与现有课程的整合问题。创客课程与传统课程之间还是有不少的区别。比如，创客课程持续时间可能比传统课程更长；课程所涉及的学科门类更多，与传统课程条块分割、各司其职不同，创客课程更注重学科之间的融会贯通。

二是更突出创造性地解决真实问题。传统课程注重知识传授和能力培养，而创客课程需要突出分析、评价和创造，尤其是创造和创新。所以从课程管理角度来看，面临的挑战就更大。三是要构建创客课程体系。展望未来，开展创客教育的学校，应当打破各个学科条块分割，促进学科知识的融会贯通，构建创客课程体系，以及教材的编写问题等。四是创客师资问题。现有师资还不足以承担创客课程的教学工作，创客师资问题究竟应该如何解决等，都需要想办法尽快加以解决。五是学校创客空间的建设问题。学校如何建设创客空间或创客教室，是在原有教室的基础上增加功能分区，还是另外单独建设，建设的标准和依据又是什么，现在还属于一个摸索阶段。面对这个全新的领域，为了更好地推进创客教育和学校创新人才的培养，创客、相关企业、一线教师和高等院校课程与教学研究人员应当通力合作，共同为创客课程建设和学校创客教育贡献智慧和力量，从而促进创客教育的科学发展。

四

再次展示

2018 年 1 月 12 日，合肥市 STEAM 教育实验学校启动暨培训工作会议在合肥市行知学校恒通校区隆重召开。本次会议由合肥市教育科学研究院主办，瑶海区教育体育局承办，市教育局王勇副局长、市教科院副院长陈明杰等参加会议，各县（市）区分管领导、项目负责人，各 STEAM 实验学校负责人、项目负责人等 160 多人参加了会议。

全市这样高规格的盛会，能够在我区举行，是对我们工作的充分肯定和鼓励。我区创客教育自 2015 年启动以来，一直走在合肥市的前列。2016 年又成立区创客教育俱乐部，把以往以学校为单位的松散的

创客团队，组建成区域化的大团队。集中各校的智慧，分享教育的过程和成果，也期待能够百花齐放、硕果累累。

在这次会上，我局作了创客教育的经验介绍，全体参会人员深入课堂，深入活动空间，考察观摩我区行知学校 STEAM 教育成果展示，包括创客作品展示、STEAM 课程展示、创客空间、创客展示课以及形式多样的校本课程。与会人员兴致勃勃，仔细观察，不时互动交流，深受启发。我区能够连续两次承办合肥市的相关活动，这是市局对我们创客教育工作的充分肯定和鼓励，我们将不忘初心，继续前行。

教育的发展需要先驱者的勇敢探索和不懈努力，我们将致力于创客教育的实践，努力打造创客俱乐部，力争取得一定突破，让更多的学生受益。

结尾诗

香格里拉学校美，
创客教学走在前。
两位老师齐上阵，
圣诞之树学生美。
合作学习不一般，
奠定发展之基础。
瑶海教育开先河，
引领创新结硕果。

第八课 名师课堂

2017 年 8 月 3 日上午，合肥市 2017 年度第三批小学数学骨干教师培训班"复习课教学"研修专场，在合肥市瑶海区教体局十一楼会议室隆重举行。我聆听了全国著名特级教师贲友林的一节课，感触很深。

贲友林现任教于南京师范大学附属小学，是课标苏教版小学数学教材编写组成员，《教育视界》数学教学版执行主编，江苏省优秀教育工作者，江苏省"333"高层次人才培养对象。2001 年参加全国小学数学优化课堂教学第五届观摩课评比获一等奖；2012 年应邀在全国小学数学第十五届年会上执教观摩课。

贲老师这次执教的是苏教版三年级下册的一节数学复习课——《"长方形、正方形的周长与面积"整理复习》。他用一张简单的白纸，取代了繁琐的教学课件，引领学生一步步地梳理着长方形、正方形周长与面积的相关知识。学生主动思考、积极发言，渐入佳境；教师因势利导，有效评价，驾轻就熟，将课堂教学氛围一次次推向高潮，充分展现了"学为中心"的教学智慧和教学理念。这种"接地气"的常规课堂教学，让学生的思维得到了彻底的激发、解放，也真正地促进了学生的发展。相信听课的老师们和我一样，一定收获颇丰，有更多的启示。

教学实录

贾友林老师这节课的具体教学过程如下。

《"长方形、正方形的周长与面积"整理复习》教学过程

教学过程	简要点评
一、课前谈话 　　师：同学们，你们来自哪个学校呀？ 　　生：和平东校。 　　师：上课我们需要注意什么呢？ 　　生：不要说话。 　　师：他刚才说不要说话，你觉得怎样？ 　　生：不要私下说小话。 　　师：那上课要不要说话？ 　　生：要（齐答）。 　　师：其实就是要发言对不对？关于上课—— 　　生：要认真听讲。 　　师：听讲听讲，先要—— 　　生：听（齐答）。 　　师：然后再—— 　　生：讲（齐答）。 　　师：对！听谁讲？ 　　生：老师。	引导自然。 这里，老师对于怎样"上好课"，怎样"听讲"，从怎么听、听谁讲、讲什么等问题入手，做了细致入微的指导，为接下来学生主动参与学习做了很好的铺垫。 课堂互动是非常有效的，对学生也很有启发性。

师：你们只说对了一半。

生：听同学发言。

师：她的意思是什么？

生：听老师说，同学们发言时也要认真听。

师：就是既要听老师讲，还要听谁讲？

生：同学（齐答）。

师：听讲不是只听老师讲，同学讲要不要听？

生：要（齐答）。

师：讲什么呀？

生：回答问题。

师：其实就是讲自己的想法。自己怎么想的，就怎么讲。

师：发现别人讲得不完整——

生：补充（齐答）。

师：当别人讲得不对——

生：改正（齐答）。

师：讲得特别好呢？

生：鼓掌（齐答）。

师：会鼓掌吧（生集体鼓掌）。

师：是你们主动鼓掌，还是通知你们鼓掌，再鼓掌？　　　　　　　　引导学生鼓掌，调动学生学习的积极性。

生：主动。

师：别人讲得没听懂，怎么办？

生1：下课找老师问。

生2：上课也能跟老师说。

生3：上课举手和老师说。

师：不要等到下课，上课没听懂就问。老师

讲的你没听懂，就问老师。同学说的没听懂，请
他再讲一遍。

　　师：现在会上课了吧！上课要听讲，先听——

　　生：再讲（齐答）。

　　师：别人讲完以后，我们可以怎么样？　　　　　　学生"接"得非常好，
　　　　　　　　　　　　　　　　　　　　　　　　　　可见学生对于"听讲"
　　生：补充（齐答）。　　　　　　　　　　　　　　　的具体要求已经有了明

　　师：可以——　　　　　　　　　　　　　　　　　确的认识。这种接答的

　　生：改正（齐答）。　　　　　　　　　　　　　　方式，也促进了学生主

　　师：可以——　　　　　　　　　　　　　　　　　动思考。

　　生：鼓掌（齐答）。

　　师：可以——

　　生：提问（齐答）。

　　师：你们知道老师吗？

　　生：不知道（齐答）。

　　师：表现好，下课老师就告诉你们。　　　　　　　告诉什么？

　　师：来，把上课前做过的材料拿出来，再拿一支
笔出来。上课发言时，对着话筒讲。可以上课了吗？

　　生：可以（齐答）。　　　　　　　　　　　　　　课前训练，比较理想。

　　师：用你们的身体语言、你们的表情告诉我，
我们可以上课了。

　　（全体学生端正坐姿，如下图所示）　　　　　　　学生期待着。

整节课的课件，就大屏
幕上的这一张表格，很
是实在，一点也不花里
胡哨。

师：我们要让所有老师发现，休息了一个月，我们的课上得更好了。好，上课！

生：（起立）老师，您好！

师：同学们好！请坐。

二、整理复习

1. 交流

师：这节课，我们要交流什么内容，知道吗？

（实物展台出示学习任务单，如下图所示）

"长方形、正方形的周长与面积"整理复习

学校 _____ 班级 _____ 姓名 _____ 学号 _____

想一想，填一填。

	意义（图示）	计算方法		
		长方形	正方形	单位
面积	用蓝色涂一涂。			
周长	用红色描一描。			

生：长方形和正方形周长与面积整理复习（齐答）。

师：对！今天我们要上一节复习课。三年级第二学期学的是什么，还记得吗？

生：面积（齐答）。

师：今天复习面积的时候，还要把什么内容放在一起复习？

生：周长（齐答）。

师：它是三年级第一学期学的，对不对？

师：为什么复习面积还要把周长拿过来一起复习呢？

生：因为周长和面积有关系。

课前谈话，自然流畅，就是时间稍长了一点。

此表的设计很有针对性，将长方形、正方形零碎的知识点从"意义"、"计算方法"、"单位"3方面进行归纳梳理，形成了知识体系，教学效果是非常好的。

初步构建知识间的联系，效果不错。

师：她说得怎么样？

生：鼓掌。

师：说得很好，它们是有关系的。

师：（指学习任务单上的表格）在第一题中，我们用表格的方式来比较面积和周长。同桌两人交流一下第一题填的表格。会交流吗？把材料放在中间，我先说给你听，你再说给我听。

（学生同桌交流，教师巡视。下图为郭雪琪同学课前完成的学习任务单）

"长方形、正方形的周长与面积"整理复习

学校 和平东校　班级 三（3）　姓名 郭雪琪　学号 ____

1．想一想，填一填。

	意义（图示）	计算方法		
		长方形	正方形	单位
面积	用蓝色涂一涂。 ■■	长 × 宽	边长 × 边长	平方厘米、平方分米、平方米
周长	用红色描一描。 □□	（长＋宽）×2	边长 ×4	毫米、厘米、米、千米

课前每个学生都进行了这样的练习。

2．在一张边长 9 厘米的正方形纸上剪去一个长 3 厘米、宽 2 厘米的长方形。

我能提出不同的问题并解答：

1．原来的正方形纸面积是多少？解答：9×9=81（平方厘米）答：原来的正方形的面积是 91 平方厘米。

2．剪去的长方形面积是多少？解答：3×2=6（平方厘米）答：剪去的长方形面积是 6 平方厘米。

这里练习题的设计，还是很有特点的，也具有代表性。但知识的梯度没有体现出来。

3．我推荐一道与长方形、正方形的面积和周长有关的容易出错的题目。

题目：有一个正方形苗圃，一面靠墙，其他三面围竹篱笆。竹篱笆长 18 米，苗圃的面积是多少平方米？

解答：

18÷3=6（米）

6×6=36（米）

答：苗圃的面积是 36 平方米。

我的提醒：靠墙的那一面不用计算。

出乎意料。老师撤掉了空白表格，在白纸上重新构建和设计表格，构思精巧、实用，针对性比较强。

2. 研讨

师：把材料反扣不看。

（老师抽去实物投影仪上的学习任务单，放上一张空白纸。学生将自己的学习任务单反扣在课桌上）

师：还记得那份材料吧，表格是比较什么和什么的？

生：周长和面积。

师：对，我们要比较周长与什么？

生：面积（齐答）。

（老师在白纸上书写"周长"、"面积"，实时投影出来）

师：不看材料，想想是从哪几个方面来比较的？

生：计算方法和它的单位。

师：好，刚才她说了两点。她说了什么？

生：她说比较它的单位还有计算方法。

师：对不对，掌声送给她。

生：鼓掌。

师：我们可以比较它们的计算方法，还可以比较它们的——

生：单位。

师：还有补充吗？

生：可以画图。

师：画图是干什么呢？

生：帮助自己写题目的。

师：他说画图是用来写题目的，可是我们现在是在比较面积和周长。

生：画图是用来分析正方形和长方形，不会算错。

师：计算不能出错。那画图是干什么呢？来让我们一起看看材料。

（学生翻看学习任务单的正面）

师：看懂了吗？其实我们用画图的方式来比较什么？

生：周长和面积（齐答）。

老师书写并投影出来，效果非常好。

师：周长和面积的什么？

生：意义（齐答）。

（老师示意学生将学习任务单再反扣起来）

师：好，现在回顾一下，是从几个方面来比较面积和周长的？

引导学生一边说，老师一边书写出来，教学效果很好，也顺其自然。

生：3 个方面。

师：哪 3 个？一起说。

生：面积和周长的意义（齐答）。

师：好。两个字，叫——

生：意义（齐答）。

（老师在白纸上书写“意义”）

师：还可以比较什么？

引导学生猜想，很有必要。

生：计算方法。

（老师在白纸上又书写“计算方法”）

师：还有——

生：单位（齐答）。

（老师在白纸上书写“单位”）

师：我们到现在为止，学过了哪两种图形的面积和周长的计算方法？

生：长方形和正方形。

（老师在白纸上书写“长方形”、“正方形”）

师：猜猜将来还会学习什么图形呀？

生：三角形、圆形、梯形、五边形……

师：将来这些图形的周长和面积也要学。现在，我们只学了长方形和正方形这两种图形。注意看，一张表格已经出来了。

（老师在白纸上画上边框，如下图所示）

师：在这个表格中，我们要比较的是什么？

生：面积、周长。

师：我们从几个方面来比较的？

生：3 个方面，意义、计算方法、单位。

（老师添加线条，画出完整的表格如下）

意　义	计算方法		单　位
	长方形	正方形	

师：看到这个表格会填吗？那计算方法谁先来填写？写对了，大家给他掌声。如果觉得写得不对，赶紧举手，好不好？

生 1：（在长方形面积计算方法的栏目里）填写“长方形的面积 = 长 × 宽”。

师：全班看，对不对？

生：对（鼓掌）。

师：你请一个同学来继续写。

老师很自然地、完整地呈现出之前的表格来，让人眼前一亮，很是意外和独特，复习的效果更是无可挑剔。

让学生经历“表格”从无到有的过程，帮助学生将已学知识从点串成线，提升了学生自主复习和归纳梳理的能力。

再引导学生接下来填写表格，让人惊喜，有利于调动学生学习的积极性。

让学生来挑选同学回答问题，这很好。不是老师强加给学生的。

（生 1 选出一位同学上台继续填写）

生 2：（在正方形面积计算方法的栏目里）填写"正方形的面积 = 边长 × 边长"。

生：鼓掌。

师：他们的掌声告诉你写对了。并示意他选出下一位同学上来写。

这对于表格来说，就有点重复，不需要。

生 3：（在长方形周长计算方法的栏目里）填写"（长 + 宽）×2"（生鼓掌）。

（生 3 选出下一位同学上台填写）

生 4：（在正方形周长计算方法的栏目里）填写"边长 ×4"。

（生 4 选出下一位同学上台）

生 5：（在面积单位的栏目里）填写"平方米"、"平方分米"、"平方厘米"。

让该同学说，这非常好。

师：平方米、平方分米、平方厘米这些都叫什么单位？

生：面积单位（齐答）。

师：对。来，掌声欢送。

师：（指着表格）这儿可以先写 4 个字，是什么？

生：面积单位（师书写）。

师：然后打个冒号（师书写"："），还可以在后面写一个省略号（师书写"……"）。知道为什么吗？

生：面积单位还有很多。

师：面积单位除了这 3 个，还有，只不过我们暂时还不知道。

（一位学生站起来高举手臂）

112

师：来，你说，怎么了？

生：还有平方毫米。

师：你们觉得他说的对不对啊？

生：对（齐答）。

师：来，掌声呢（生鼓掌）？

生：（该生继续发言）还有平方千米。

师：他说什么？

生：平方千米（齐答）。

师：他说"平方千米"，他想到了一个什么长度单位？

生：千米（齐答）。

师："千米"是长度单位，我们现在在说什么？

生：面积单位。

师：那长度单位和面积单位有没有联系？

生：（七嘴八舌）有、没有。

师：你说说看？

生：厘米加个平方就是平方厘米，所以千米加个平方就是平方千米。

师：对不对？

（学生鼓掌，老师请学生继续上台填写表格）

生6：（在长度单位的栏目里）填写"米"、"分米"、"厘米"、"毫米"、"千米"。

师：大家觉得对，就要有掌声。如果你有补充，就举手。

生：还有微米。

师：他说的是什么？

生：微米（齐答）。

学生讲到"平方千米"，让老师有点意外，因为学生还没有学过。尽管应对得不是很顺畅很自然，但总体效果还不错。

这里老师最好能小结一下。让学生明确加"平方"就是面积单位，不加就是长度单位。

学生很厉害。老师应对很有必要。

在表格最后一列再写上"长度单位"和"面积单位"，有点重复，不妥当。

师：听说过吗？还没学过是吧？

（一生起立，高举手臂，老师示意他拿话筒说）

生：还有纳米。

师：微米、纳米究竟是什么？我们下课后可以找资料。掌声送给这两位（生鼓掌）。

师：看看这个空格，再看看上个空格，可以在上面写上4个字——

生：长度单位。

师：对，长度单位，后面也可以加上省略号（边说边书写，如下图所示）。

	意义	计算方法		单 位
		长方形	正方形	
面积	长方形的面积 = 长 × 宽	正方形的面积 = 边长 × 边长	平方米 平方厘米 平方分米
周长	（长 + 宽）× 2	边长 × 4	米 厘米 分米 毫米 千米

前面学生刚刚提到，这里显得有点拖沓。

师：我们把长度单位和面积单位来对照一下，这儿有个厘米，这儿就加平方两个字，叫——

生：平方厘米（齐答）。

师：想想看，这个厘米和平方厘米有没有什么关系，是不是就是加上了两个字？

生：不对。1平方厘米的东西，它如果是正方形的话，它的边长是1厘米。

师：听懂的请举手，听懂他说什么了吗？

（部分学生没举手）

师：没听懂，就请他再说一遍。来掌声鼓励

学生这里的说法，老师最好也要提炼、规范一下。否则，"长度"和"面积"的本质区别就不够凸显。

一下，我们请他再说一遍。

生：一个 1 平方厘米的东西，它如果是正方形的话，边长就是 1 厘米。

师：现在有没有听懂？

生：听懂了（齐答）。

（师将话筒递给一个学生）

生：他说，一个正方形 1 平方厘米，这个正方形边长是 1 厘米。

师：好，面积 1 平方厘米的正方形，它的边长是——

生：1 厘米（齐答）。

师：有联系吧，掌声呢？（生鼓掌）

师：这是到现在为止，我听到的很精彩的一个发言（师竖起大拇指），厘米和平方厘米是有联系的。

师：长度单位有厘米，面积单位有——

生：平方厘米（齐答）。

总结得比较好，也很有必要。

师：长度单位有千米，面积单位有——

生：平方千米（齐答）。

师：其实我们还没学习平方千米，现在你有没有什么感觉？1 平方千米，如果是个正方形的话——

生：它的边长就是 1 千米（生鼓掌）。

从易到难，非常好。

师：你说清楚点，刚才他说什么了？

生：他说，如果它是一个正方形的话，它的边长就是 1 千米。

师：非常棒，掌声送给他们（生鼓掌）。

师：刚才有人说，那有个毫米，它的面积单

位就是——

　　生：平方毫米。

　　师：有的面积单位我们没学，但是我们能根据学过的内容想到这些。这就是复习课最重要的一个作用，叫温故——

　　生：而知新（齐答）。

　　师：厉害，叫什么？

　　生：温故而知新（齐答）。

　　师：好了，再看一看。（师指表格）还有一个"意义"没说。看看我们的桌面，来，用手指一指它的面积。

　　生：比划桌面的面积，用手摸桌面。

　　师：我很喜欢你们的动作，指完面积指什么？

　　生：周长（学生指课桌面的周长）。

　　师：这一列，倒数第二位同学，到这儿来（师示意该生到黑板前）。

　　师：刚才指的桌面，现在讲讲黑板的面积和周长，边讲边用手去指一指。

　　生：（边摸边说）黑板的面积就是表面的这一块（如下图所示）。

师：这里整个面对吧。接下来——

生：它的周长就是它的四个边缘（生边指边说）。

师：正好是这个框，这个金属框。

师：能体会到吗？面积是一个面的大小。周长是这些边的——

生：大小、长度。

师："长度"这个词说得更好。

师：（指学习任务单）刚刚这个表格都没问题了吧，把这个表格对照一下。

（学生对照集体交流填写的表格，检查并修改自己学习任务单上的第1题）

师：有没有问题？

生：没有。

师：我有一个建议，注意"单位"，面积用什么"单位"？

生：平方米、平方分米、平方厘米。

师：这些都叫——

生：面积单位（齐答）。

师：周长用什么单位？

生：米、厘米、分米、毫米、千米。

师：这些都叫什么？

生：长度单位（齐答）。

师：好，再看（用红笔圈出表格中长方形面积公式），表格中这讲的是什么？

生：讲的是长方形的面积计算方法。

师：这讲的是什么（用红笔圈出表格中正方

尽管不难，但学生练习情况，老师最好要逐一检查一下（如前面的巡视指导），看有没有错误。若有错，就要指出是怎么错的，再订正一下，不能大而化之。

用红笔加以强化非常好，也很有必要。

形的面积公式）？

生：正方形的面积计算方法。

师：如果将长方形的面积计算方法和正方形的面积计算方法变成一个说法，你觉得可以怎么说？用长乘宽，还是边长乘边长？

合二为一好。

生：长 × 宽。

师：其实正方形就是——

生：特殊的长方形。

师：他反应太快了，你们还没有反应过来吗？他说正方形是——

生：特殊的长方形（齐答）。

师：正方形就是长和宽相等的长方形。（用红笔圈出表格中长方形和正方形的周长公式）这两个也可以变成一个——

生：长加宽的和乘以2。

师：其实，周长就是把周边的长度都加起来，所以两个计算方法还能变成一个。

此处应该明确地统一和规范一下，"周长"也是如此。否则，就没有起到"整理复习"的作用。

3. 应用

师：好，来看学习材料的第2题，把题读一下。

（老师在实物展台上出示学习任务单中的第2题，题目如下所示）

由第一题到这第二题，坡度有点大，衔接不够紧密。

在一张边长9厘米的正方形纸上剪去一个长3厘米、宽2厘米的长方形。我能提出不同的问题并解答。

（学生齐读题）

师：（示意学生将学习任务单反扣）现在，不

引导学生去记住题目，这很有必要，非常好。

看题目不看材料，还记得这个题目讲的是什么吗？题中讲了一个什么图形？

生：一个正方形。

师：边长是多少？

生：边长是 9 厘米。

（这个学生比较害羞，语速较慢声音小。老师鼓励地拍了拍她的肩，生鼓掌）

鼓励学生，增强自信，这很好。

师：然后是要在这个正方形里剪什么呢？

生：剪一个长是 3 厘米，宽是 2 厘米的长方形（生鼓掌）。

师：读题，要一个字一个字读完，读的时候，心里还要记住，是在一个正方形里面，剪一个——

读题训练很重要。

生：长方形（齐答）。

师：正方形告诉你的条件是——

生：边长是 9 厘米（齐答）。

师：长方形告诉你的条件是——

生：长 3 厘米，宽 2 厘米。

师：对，读完题，就要能用自己的话把题目说出来。

这很有必要。

师：这个题目需要提问题再解答。同桌交流一下，你们提了什么样的问题？

（学生同桌交流，老师巡视指导，了解情况）

师：提了哪些问题呢？举手说。

生：剪去的长方形的面积是多少？

师：长方形的面积是多少？问题提对了，来点掌声啊（生鼓掌）。

引导学生提出问题，这非常好。但在下面的教学过程中，老师没有归纳学生所提出的问题生：剩下的图形面积是多少？

师：剩下的面积，很好（生鼓掌）。

生：正方形纸的周长和面积各是多少？

师：她问了两个问题，问的是什么呀？

生：问的是周长和面积各是多少？

师：哪个图形的周长和面积？

生：正方形。

师：正方形的周长和面积各是多少？对不对，掌声呢（生鼓掌）？

师：还有问题吗？注意听讲啊，人家提过的问题我们不提啦。

生：剩下的图形的周长是多少厘米？

师：她问的是剩下的图形的——

生：周长是多少（齐答）。

师：行不行啊？

生：行（生鼓掌）。

师：谢谢大家的掌声。有没有问题了？

生：正方形的周长是多少毫米？

师：有谁听懂他的问题？

生：就是把厘米换算成毫米。

师：之前有人问周长是多少厘米，他现在问周长是多少——

生：毫米（齐答）。

师：这个问题有个小陷阱，能看出来了吧。你还会出错吗？

生：不会。

师：掌声送给他（生鼓掌）。

（学生的问题，应该分为哪几类），就显得有点零乱，有的学生思路就不是很清晰，不够简洁和流畅。问题最好要板书出来。

本节课学生鼓掌的次数多了点。

师：你还有什么问题？

生：剩下的是什么图形？

师：现在我们把问题梳理一下。

（老师示意学生看屏幕上的题目）

师：边长9厘米的正方形，看到这里时，就想到了两个问题——

生：周长（齐答）。

师：说完整点儿。

生：正方形的周长和面积。

师：很好，反应很快。会做吧？

生：正方形的面积是边长乘边长，9乘以9等于81（平方厘米）。

师：对不对（生鼓掌）？

师：接下来还有一个问题，正方形的——

生：正方形的周长是9乘以4等于36（厘米）。

师：对不对？如果问题再改成毫米，会做不会做？

生：会，360毫米，36厘米=360毫米。

师：你再说一次。

生：36厘米等于360毫米。

师：有人鼓掌了，有人没鼓掌。你们都赞同？

（有个别学生举手质疑）

师：（将话筒递给一名举手的学生）有怀疑才举手的，你说。

生：4乘以9等于36。

师：（目光看着刚才说错的男生）4乘以9等于多少？

换单位是多余的，这不是问题的关键，不能诱导学生。后面学生就纠缠这个问题。

引导学生要注意听，非常好。

121

生：（刚才说错的男生）36，36厘米等于360毫米。

师：（微笑，摸摸说错的男生的头）下次想好了再说。

师：好，正方形的面积问题解决了。长方形的——

生：长方形的面积是2乘以3，2乘以3等于6（平方厘米）。

师：对吧？鼓励一下（生鼓掌）。

师：接着说，长方形的周长？

生：长方形的周长是括号2加3乘以2，等于10（厘米）。

师：我们一般说3加2，或者2加3的和再去乘以2，对吧，等于多少啊？

生：10厘米。

（一名学生高举手臂）

师：怎么啦？

生：还可以提问题。长方形的面积是多少平方毫米？

> 学生又绕到单位上去了，这与前面有关。

师：其实你这个问题，他们都猜到了，就是把单位改一下，对吧？你们刚才基本上是放假状态，反应不够快。现在再提最后一个问题。

生：剪去后的图形的周长是多少？

师：前面有没有问过？

> 这才是重难点，是关键环节。前面的引导有点繁琐，拖沓了。

生：问过（齐答）。

师：她是在提醒我们现在该研究什么问题了？这会儿反应就快了。

> 这样好！因为该男生太积极了。

生：剩下的图形周长。

师：剩下图形的周长，或者说剩下图形的——

生：周长和面积。

师：我们先来求剩下图形的面积是多少。谁口答？我来写。

师：就他一个举手啦，两个举手了，四个举手了，现在是七个，那边举手比这边多。

师：要求的问题是什么？你来再说一遍。

生：剩下图形的面积。

师：很好，是一起说，还是请人说？（老师将话筒递给第一排站立着，急切想要发言的一名学生）

师：你帮我请。（学生回头喊了一个女生发言）

生：剩下图形的面积是长方形的面积，等于长乘以宽，3 乘以 2 等于 6（平方厘米），这个长方形的面积是 6 平方厘米。

师：（板书）$3 \times 2 = 6$（平方厘米）。

生：（质疑）咦，问题是求剩下的面积。

师：（目光转向发言的女生）看见有举手的，他们有不同意见，你把话筒交给他们。

师：我觉得其他人非常好，其他人在静静地举手，可没站起来。

（老师目光暗示第一排一直自己站立的男生，该男生领会老师的意思，坐下了）

生：她求的是被剪去的图形的面积，现在要求的是剩下图形的面积。先求 9 乘以 9 等于 81，就是还没有剪去的时候这个图形的面积。再用 81

该男生（即下图中板演的那位同学）太优秀了，锋芒毕露，出乎老师的意料。这里老师引导得好，但整节课老师没有关注和利用好他，甚至有点"失控"，导致后面的女同学就非常紧张和拘谨。

减去要剪去的图形，也就是 81 减去 6 等于 75（平方厘米）。

让学生说好。

师：（板书）9×9=81（平方厘米），81-6=75（平方厘米）（掌声自发响起）。

师：仅仅鼓掌还不够，我还要表扬。我要表扬什么？她会发言。你们听听她刚才是怎么发言的？

师：她说，刚才的同学啊，你算的可是它剪去的长方形的面积，还没做完呢，对不对？我要求剩下的面积，还要把正方形的面积算出来，再减去那个长方形的面积。先说说人家的想法，再说说自己的想法，这样的发言真好。再一次把掌声送给那个女孩儿。（生鼓掌）

此处引导得就非常好。

师：面积没问题了吧？

生：没问题了。

生：还要求周长。

师：（请学生到黑板前）左手持话筒，右手拿粉笔，去讲，掌声鼓励一下。

（学生边鼓掌，边说加油）

生：剩下的图形，只有两条边是 9 厘米的，所以 9 乘以 2 等于 18（厘米）〔生板书：9×2=18（厘米）〕。

生：然后再分别求那两条没到 9 厘米的边，所以 9 减去 2 等于 7（厘米），然后再求另外一条边的长度〔生板书：9-2=7（厘米）〕。

师：大家能听懂吗？有的能听懂，有人说不能，我也觉得听晕掉了。给他一个建议。

生：（七嘴八舌）画图，画图。

（台上的男孩听到提示后在黑板上画图，现场响起窃窃私语声）

师：我们需要的不是说小话。如果同意，应该怎么样？

生：鼓掌。

师：不同意——

生：举手（齐答）。

师：这样，你先把正方形画出来。能看到是个正方形吧。

（学生将所画图形右侧自主调整了一下，标上数据，完成示意图。如下图所示）

老师严格要求（按比例画图），就非常有必要，教学效果很好。

师：掌声呢（生鼓掌）？

很有必要。

师：（指着学生所画的示意图）看这个图，我就再严格一点，要求高一点。这个是9，这个是3，9里面有几个3啊？

生：3个3（齐答）。

（画图的学生受到启发，将右边剪去的小长方形3厘米的边加长一点）

提醒得很好。

师：（点头以示赞许）加长了一点，又好像过

125

长了一点，是吧？（生再修改）差不多了，是吧？

师：（指着示意图的另一边）9里面有几个2？

生：4个。

师：还余1。这个2好像也稍微少了点。下次画图时，要考虑一下尺寸。

师：现在给你个建议，对照图讲你的算式，讲你的想法，指着图，指着算式来讲。

生：我们先求那两条9厘米的边一共长多少厘米？

师：你用彩色粉笔在图上描一下。

（学生用红粉笔描画两条9厘米长的边）

师：怎么样？

生：好（齐答）。

师：好，就鼓掌啊。（生鼓掌）

师：然后呢？

生：然后分别求两条没到9厘米的边，所以9减去2等于7。

（学生描画长7厘米的边，但将减去的2厘米也描画了一下）

生：（质疑）错，他画的是原来的那条边。

生：应该不要把2厘米画上去，因为2厘米是减掉的。

（黑板上的男生听到质疑，对描画的边进行了修改）

师：你再指一下7。

引导学生质疑，这非常好。

（学生又重新正确描画了一次7厘米的边）

生：（继续讲解）然后再求另外一条没到9厘

126

米的边的长度。所以，9减去3等于6（厘米）。

（学生边说边用红粉笔描画6厘米的边）

师：对不对，掌声呢？（生鼓掌）

生：（继续讲解）然后，再用两条长9厘米的边分别加上那两条没到——

师：你写算式多少加多少？边写边讲。

生：（边写边讲）分别加上没到9厘米的两条边。

师：最好蹲下来，因为站在我这儿都看不到你写的算式了。

［学生侧身，完成板书：18+7+6=31（厘米）。有学生举手质疑］

以上分析过程对于"后进生"来说，有点难。思路也不是很明晰。

师：（提示板书的男生）你问问人家怎么回事？是不是你加错了？

师：18加7等于25，25加6等于31，没错啊。

生：（七嘴八舌）还有，还要加2，里面的边长，还有里面的……

师：（目光注视板演的男生）你问问他们是什么思路？

生：（在其余同学的提示下，他调整了想法）还要加上一条3厘米的和那条2厘米的边。所以31加2加3等于36（厘米）。

生：（边说边补充板书）31+2+3=36（厘米）。

师：现在对不对？（掌声响起，表示同意）

是什么方法？老师一定要让学生说出来，也许有意外收获，跟这个男生不一样呢。

（现场还有几个学生举手质疑，老师将话筒递给一名举手的女生）

生：我觉得应该在图上，也把6和7标一下，这样方便计算。

这方法很好。

师：她建议你在图上把 6 和 7 标上，做的时候就不会错了。有没有道理？谢谢！

生：我认为还有一个比这个更简便一点的方法。

（此时，刚才在黑板前画图讲解思路的那个男生，自动跑到黑板前）

师：（笑问）你又跑过去啦？说说看。

生：（边指示意图边说）这还有一种办法，先把 2 厘米的这条边放到上面，然后再把 3 厘米的挪到这边（手势表示往右挪），移到那条 6 厘米的边上。

师：现在有没有听懂。这么移一下，算式变得很简单了。

生：四九三十六。

师：对呀。（师指着原来的算式）写了这么多，其实很简单的一个算法就能解决了。虽然你来了，但是我还是觉得要把掌声送给谁？

（学生都将目光转向刚才提示有更简便方法的那个女生）

师：请起立，接受全班的掌声（生鼓掌）。

师：你们知道吗，人家材料纸上画了两个图。有一个图和黑板上是一样的，还有一个图——

生：从中间剪的。

师：从中间剪的，就是说还有不同剪法，对不对。好，就说这么多，掌声再次感谢那个女孩儿（生鼓掌）。

该女生到底是怎么想的？大家都不知道，老师不能想当然地表扬。

再鼓励一下好。

师：（指示意图）这是一种剪法，还有不同剪法，还有几种剪法呢？留给大家回去思考。好，下课！

生：老师再见！

师：同学们再见！

（合肥市和平小学东校汤代红整理）

留下问题很好。

这节课"课前谈话"的时间不算，还超时 7 分钟。另外，老师的名字是怎么回事？直到下课同学们也不知道，这样老师岂不是说谎了？另外，学习任务单上还有一题没有讲解，怎么办？也得有个说法。

二

学习借鉴

听完贲老师的课，我激动不已，久久不能平静。究其原因就一个字，那就是"实"。现在很难看到这样"接地气"的常态公开课了。这节课上得太实在了，学生学得也很实在，教学效果非常好，这让我很是意外和惊喜。一般名师在上展示课时，都要玩点花样，从而博得听课老师的眼球，让人有一种兴奋感。但贲老师不是这样，他没有时尚的课件，就一张白纸和实物投影仪。师生互动过程也不花哨，几乎看不到什么新鲜的玩意儿，从头至尾就是那么普普通通、实实在在。这样的课可学可用可复制，而不像有的课华而不实，你想模仿都模仿不了，你想借鉴也借鉴不了，这就是贲老师这节课的可贵和高明之处。我们就需要看到这样的好课，这样的平常课，这样实在的课。

这节课非常值得我们数学老师去学习、思考和借鉴。概括起来，主要表现为以下几个方面。

一是在复习整理环节，贲老师只用一张表格，就将这节课的主要知识点呈现了出来，放手让学生从"意义"、"计算方法"和"单位"等几个方面来进行梳理。更为重要的是，虽然课前学生已经完成了此表格的填写，但他并没有简单地让学生来汇报展示，而是采用现场重新整理的方式，把表格从无到有地再呈现出来。表格的"重现"，也让学生经历了重新建构知识体系的过程，不是为了填表而填表。这样的"重现"，有味道、有内涵、有后劲，不仅复习了知识，还培养了学生设计表格和读表的能力。这不仅让学生对表格有了更深入的理解，而且还让学生了解了整理数学知识的一般方法。

二是对于长方形、正方形的周长与面积的意义的理解，三年级的学生还是有一定难度的。贲老师课前学习任务单上设计的图示环节，让学生用蓝色笔涂一涂长方形和正方形的面积，再用红色笔描一描两个图形的周长，这一涂一描匠心独具，别有风格。

三是这节课的所有问题均来自学生，学生提出问题，学生解答问题。贲老师完全把学生推到前面，把舞台让给了学生，教师只是一个"配角"。另外，本节课只通过一道练习题，就让不同层次的学生都得到了应有的发展，师生之间、生生之间的互动交流展现得淋漓尽致。课堂上，老师的"示弱"、"让位"，让学生变得更为自主和强大。

四是贲老师的课很务实，没有刺激、花哨的教学设计，没有鲜亮、生动的课件辅助，没有丰富多彩的素材呈现，没有花架子，只有一张普普通通的表格，是实实在在的一节"家常"课。但也不像我们常规的复习课那样：先梳理知识，再以题代练，来强化巩固。学生学得很真实，也很轻松。他把公开课上成了家常课，真正让学生得到了实惠；他又把家常课上成了公开课，把"学为中心"的教学理念充分地展示了出来。

五是贲老师还教会了学生应该怎样上课，将"听讲"的要求具体化，细化成先听后讲，以及怎么听、怎样讲、怎样问和应该注意的一些问题等。同时，他在课堂上，还时刻关注着学生的情感体验。

三

听课感悟

金无足赤，人无完人。这节课除了"实"外，也有一些问题是值得研究的。我个人认为，以下几点还是需要思考和完善的。

一是，既然是"整理"课，那么怎么整？怎样理？还是需要关注的。"整"相对简单一些，就是"弄"，就是"干"，就是"做"，这一点贾老师做得还是不错的。"理"要难一些，"理"包括两个方面内容，一是作名词用，就是指事物的规律；二是当动词用，就是指按照事物本身的规律或依据一定的标准，对事物进行加工或处置。这节课在"理"的方面还有待于进一步完善和加强。要想在"理"上做好文章，就要考虑"理"什么？为什么要"理"？和怎么"理"的问题。有的老师也许不认同这一观点，认为这是小题大做。其实不然，尽管这对于小学生来说不一定要知道，但老师必须要站得高看得远，这样才有利于明确教学的重难点，并力争取得突破，对学生的学习指导方能游刃有余。

二是，在教学重难点上还有待于进一步突破。既然是整理长方形、正方形的面积与周长，那么长方形、正方形的面积和长度的意义及其区别，就显得尤为重要。说心里话，这一点的突破上还需要下功夫。贾老师只是从学生的"画图"和"指示"这两个方面来组织教学，"画图"就是让学生画一画、涂一涂长方形与正方形的周长和面积；"指示"就是让学生指一指、摸一摸、说一说课桌与黑板的周长和面积。仅此而已是不够的，老师没有拔高，没有把知识点给拎起来。另外，这节课花在"单位"上的时间长了一点，多了一点。学生如果没有从本质上来区别周长和面积，也就不利于学生的可持续发展。本质是什么？本质就是"面"与"长"的区别和联系，这确实很值得推敲和研究。

三是，课题必须要进一步明确。这节课的课题到底是什么？前后有点不一致。最初的培训方案上，这节课的课题是《长方形、正方形面积与周长梳理复习》，而学生的"学习任务单"上，则是《"长方形、正方形的周长与面积"整理复习》，有细微差别。加上老师又没有板书课题，这就有点让听课老师发蒙了。要知道，任何一节课的课题出示都不是小事，不是无关紧要的，更不能随心所欲，随意而为，必须要加以规范和明确。

四是，最后一题的解答思路要再清晰一些。说实话，这最后一题的分析讲解有点乱，后进生肯定是稀里糊涂的，老师有点太依着学生了，学生指到哪就打到哪是不行的，也不利于学生的思维发展。这道题的分析讲解可以分为三个层次来进行，一是让学生先提出问题；二是对这些问题进行分类；三是再逐一解答。学生一开始可以提出很多问题，也比较乱，但所有这些问题都可以分为三大类。一类是原来的图形；一类是剪下来的图形；还有一类是剩下的图形。在这三大类中，每一类又可分为两种，即周长和面积。这样一分类，解题就很方便，思路也就更清晰了。共有六种情况，即，原来图形（正方形）的周长和面积；剪下来图形（长方形）的周长和面积；剩下图形的周长和面积。前面四种情况实质上很简单，学生都会做。老师重点只要分析讲解"剩下图形的周长和面积"这两种情况就可以了。

五是，几个细节问题也不能忽视。一是这节课上，有一位表现非常突出的小男孩（上图中），老师说什么他都知道，而且说的有条有理，思路非常清晰，反应快、能力强。这本身不是坏事，正因为这个小男孩的锋芒毕露和充分展示，已经影响其他同学的学习了。后面的几个小女孩就显得很紧张，有点尴尬，不敢说话和发言。老师怎样调控好这种局面，利用好这个思维活跃的男孩，还是很有讲究的。二是老师名字的问题。老师课前提到自己名字的问题，并且承诺后面要告诉大家。但直到下课了，也没有兑现。课堂上老师说话是要算数的，我们千万不能在学生面前说谎话。三是关于学生鼓掌问题。用鼓掌的方式来激励小学生，本身没有问题，问题是这节课用的次数有点多了，效果就会打折扣。要养成学生自发鼓掌和在关键点鼓掌的习惯，而不需要老师反复提醒，一切顺其自然最好。四是有的地方逻辑性和条理性还有待进一步加强。有时老师顺着学生的思路说下去了，这也是对的，但作为老师要有所提炼、有所提高，否则一切都"顺着"学生，"依着"学生，学生怎么说的，老师就怎么表述，对学生的思维发展和概况能力的培养也是不利的。因为这是"整理"课，不能在原地踏步，老师该规范的要规范，该引领的要引领，该提高的要提高，不能放任自流。最后是这节课超时八分钟，说明有的环节效率还不高，不够简洁、流畅。

四

教者理念

贲友林老师我久仰大名，早在我当教研员之时，就有所耳闻，只是没有谋面过。这次合肥市小学数学教师培训基地的暑假集中培训，我特地挑选他的课来听一听。

贾老师 1973 年出生，大学学历，他先后在教育报刊上发表文章数百篇，并在多地上示范课和进行专题讲座。近年来，他致力于研究构建"学为中心"的数学课堂教学，并著有《此岸与彼岸》《现场与背后》《贾友林与学为中心数学课堂》等。

他认为，从教与为学均是研修自悟的过程，教学也是研修，研修也是学习，重在自悟自得，自我建构。而无论教师抑或学生，均应力求出彩。从教小学数学，他立足于学生全面精神的需求满足和研修自悟的亲身体验，而不仅仅是教学数学知识，为学生自由发展创造生态条件，从而使富有理性之美的数学教学闪耀人文的光芒。现如今的小学数学教学，多见的是教师讲学生听，教师问学生答的被动式灌输。贾老师认为，旧的教学方式非着力改进不可。他积极规划与实践着对话式教学，他认识到进行动态的对话，内容既含知识信息，也包括情感、态度、行为规范和价值观等方面，不仅是言语层面的交流，认知世界的沟通、汇聚与融合，更是对话双方向彼此敞开精神和真心悦纳，是平等的心灵碰撞与诚挚交流。

贾老师讲课，不是为了完成教学任务，而是为了师生彼此共同的不可再有的生命体验。力求创新是他不变的追求，为践行这一教学理念，他的教学不炒冷饭，坚持常上常新。教学中，贾老师具有教学的敏感，善于倾听，细心接纳，他真诚欣赏学生中各种不同意见，用清晰的思路和话语引领着学生，使学生与教师平等交流，使学生感受到自我发现与成长的快乐。谁说小学数学教学是教不变的"二加三等于五"？谁说教师是教书匠，只能复制而不会创造？他的教学体现了匠心独运，时时出新；他的教学洗去课堂中的陈腐，引导学生与时俱进，实现教学创新；他的教学是艺术的，是一流的善育英才。他与学生共舞共享共进的教学生涯，又最终引领他走入自成英才的人生双赢的最佳境界。

贾老师认为课堂的风景在学生那边，老师要有发现美的眼睛。他在引导学生研究数学学习的同时，十分重视自我研修，认为这是立身从教之本。贾友林平时手不释卷，自费订阅多种业务杂志，购买许多教育理论书籍。近代著名哲学家波普尔的名言，成为他的座右铭："我们的知识只能是有限的，而我们的无知必然是无限的。"可谓是，"梅花香自苦寒来"。勤奋博学，立志研修自悟，着眼发展，其小学数学教学风格的形成，也都是对他所有努力的自然回报。

教学，是师生生命的邂逅。对老师来说，最浪漫又最现实的事情，就是和学生一起慢慢成长。他自 1990 年参加工作以来，一直任教小学数学，自觉追求有创意有个性的课堂教学，逐步形成"朴实、细腻、深刻、自然"的教学风格，他所教班级的学生，数学素养发展状况受到学校、家长、社会的一致好评。总之，教学并没有已经绘制完毕的"地图"，只有师生彼此行动的目标与走向。教学过程是师生之间相互对话、相互启发、相互发现的过程。教师可以也应该和学生共成长、同提升，携手走向美好未来。

结尾诗

名师课堂数学情，
研修自悟有个性。
平面图形太神奇，
课堂风景看学生。
整理复习很实在，
对比分析是目标。
师生互动真有效，
心灵碰撞境界高。

第九课　初中语文

2017 年 7 月 29 日至 31 日，为期 3 天的第八届靠谱 COP 学术交流观摩活动，在"天府之国"四川省成都市成功召开。本次活动是由中央电教馆主办，首都师范大学现代教育技术重点实验室等单位承办的一次大型的高规格学术活动。活动的主题是——"大数据视角下的教师专业学习"，旨在共同分享基于课堂教学行为大数据的教师专业发展经验，研讨教师专业发展问题。大会设置了开幕式、专家报告、现场课展示及大数据诊断与分析、教育与企业互动论坛、信息化教学领导力论坛、优秀数字故事（DST）及教育诗作品展播和闭幕式暨颁奖仪式等丰富多彩的活动内容。来自全国各地的教育专家、教育行政部门负责人、中小学教师等一千多人参加了本次盛会。

我们瑶海区教体局首次派代表参加了这次活动，由我带领信息中心、教研室共三人赴成都观摩学习。本次活动给我们留下了深刻的印象，既拓展了视野，也有了更多的思考。怎样突破教育信息化应用的瓶颈，怎样促进教育信息化的持续发展和深入变革，怎样利用信息化来促进教师的专业发展，怎样利用信息化来开展听评课活动等问题，都需要我们每一个教育人去思考、去探索、去努力，这也必将任重而道远。

这次在成都，我共听了六节不同地区、不同类型、不同学科的课，分别是八年级语文《俗世奇人·好嘴杨巴》、高一物理《牛顿第三定律》、高二心理健康《以爱之名》、高一语文《鸿门宴》、高二数学《直线与平面平行的判定方法》和八年级历史《第一次世界大战》。因为平时在家听小学课要多一些，这次出门在外，专门挑选一些中学课来听一听、学一学。下面，重点就来谈一谈我所听的这第一节初中语文课——《俗世奇人·好嘴杨巴》。

一

教学过程

7月30日上午8点半，大会举行了隆重的开幕式，接着首都师范大学王陆教授作了题为《基于大数据的知识发现：靠谱优秀教师特质分析》的专题报告，最后大会安排了一节现场课展示，这也是我最关注最感兴趣的活动内容之一。这节课由北京市第四中学的孙悦老师执教，课题是人教版八年级语文《俗世奇人·好嘴杨巴》，课堂上共有24名同学来上课，其教学过程如下表所示。孙老师的课上完之后，接着就进行了现场课大数据的诊断与分析。会议一直持续到12点才结束。

《俗世奇人·好嘴杨巴》教学过程

教 学 过 程	简 要 点 评
一、导入新课 　师：在老师下飞机打出租车来会场的路上，与司机聊到四川本地的绝活——"奇人"、"奇事"。 　（投影出示："变脸"、"茶艺"、"蜀绣"的相关图片） 　生：观看图片。	导入新课真实自然，简洁而有趣。出示的相关图片很有针对性，效果非常好，有利于激发同学们的学习兴趣。
师：今天我们也来认识一位奇人。	课题的引入和出示自然

（投影出示课题）

师：投影下图，并介绍作者——冯骥才。

二、分析讲解

师：何为俗世？这篇文章的英译本的名称是"Street Wizards"，从"Street"（街道）我们不难联想到"市井"二字，而"Wizards"则是生活在这个市井中最闪亮的"明星"。同学们已经预习了这篇文章，能不能告诉我，文中谁堪称奇人？

生：杨巴（齐答）。

师：还有呢？

生：杨七。

师：除了这两位奇人，文章中还出现了哪些人？请同学们在书上勾画出刻画人物形象特点的语句。

生：分四个小组，进行合作学习，并完成以

137

下任务。

（老师巡视，了解情况）

① 找出主要人物和次要人物；

② 寻找刻画人物特点的语句。

（老师提示：要抓住细节描写，如心理描写等）

提出问题，明确任务，很有针对性。

生完成任务后，分组汇报展示如下。

①组1：分析李中堂形象（省略）；

②组2：分析杨七的形象（省略）；

③组3：分析杨巴的形象（省略）；

④组4：分析府县道台形象（省略）。

师：各组分析后，请学生把描写人物形象特点的词语（关键词）写在黑板上。

这个班的学生非常棒，分析说明和板书都恰到好处。

生：每组派一位同学分别板书如下。

① 情绪无常；② 忠厚胆小；③ 随机应变；④ 阿谀奉承。

（具体板书情况，如下图所示）

师再分析总结人物关系（省略），并板书如下图所示。

分析人物关系很有必要，教学效果也非常好。

三、学生表演

生：每组选派 1-2 名同学，合作表演文章中人物最全的故事片段，展现人物特点。

（老师朗读："奉茶汤给李中堂，李中堂不识碎芝麻，杨巴巧舌获赞"的故事片段，5 名学生根据老师的朗读，来同步表演）

（全班同学观看表演。）

（要求：其他学生观看时，每组认领一个角色，观看其表演，并讨论这个同学表演的精彩之处及其不足）

师：同学们根据以下要求，分组对表演同学的动作、语言、神态等方面进行逐一点评。

① 你认为演的精彩之处在哪？理由是什么？

② 不足之处是什么？理由是什么？

③ 如何改进？

各组同学小结各自观察的角色特点，并发表自己的看法（省略）。

设计学生的表演很有创意，出发点也是好的。但学生有提前彩排之嫌，这就值得商榷了。我们千万不能为了表演而表演，这是语文课，不是学生社团活动，更何况表演本身不是这节课的重点。这里的表演对提升学生语文能力关系不大，只能作为一种形式而已。如果这里把表演换成让学生在揣摩文中人物语言等细节描写的基础上，去体会人物的心理活动等，效果可能会更好一些。

有利于培养学生的观察、分析和语言表达能力，这非常好。

139

师在学生回答的基础上，总结描写人物的几种方法（省略）。

四、开拓视野

师：从作者着意描述这个情节来看，谁是奇人？杨七还是杨巴？

生：杨巴。

师：作者为什么称杨巴的嘴是"好嘴"？哪儿好？奇在哪？

生：分析"好""奇"的具体表现——杨巴所谓的"好""奇"是在当时的社会背景下，为了生存。杨巴的嘴救了自己，也救了别人，是化解危机的"好嘴"。

师：是谁为他搭建施展本领的舞台呢？

生：回答（省略）。

师：投影介绍当时的社会环境，呼应开篇提到的"Street"一词。真正让学生去理解"市井""世俗""俗世"。再引导学生去感悟文中众多的人物，才构成了成就杨巴"好嘴"的舞台。

师：如果放在今天的社会背景下，同学们认为杨七、杨巴谁能称之为"奇"人？

生：杨七（简述理由，省略）。

师投影介绍自己的3个观点（省略）。引发学生进一步思考，时代需要什么样的奇人。最终引导学生明白：当下的社会需要的还是更多的像杨

老师总结即时有效，也很有必要，教学效果是好的。

这是关键问题，也是重中之重。

这样的问题很好，也很有趣。

此处前呼后应，很有必要，效果也是不错的。

联系实际这很好，有利于学生的能力培养和可持续发展。

老师敢于展示自己的观点是值得肯定的。但这里的引导和拓展还是值得商榷的。难道当今社

七这样踏实做事，能把事做好、做绝的奇人。

会就不需要杨巴这样的人了？放在当下他难道就是不好吗？

　　师：投影推荐四篇文章（省略），供学生课外阅读。

推荐课外阅读资料，这很有必要。但这是借班上课，老师过后不能检查学生的阅读效果，这该怎么办？值得研究，也不能搞形式主义。

　下课！

这样大型的展示观摩课，能按时下课，没有拖堂，非常难得，也很少见，值得学习。

二

教学设计

　　以上的教学过程，是本人根据我们自己的听课笔记整理而成的，还不够全面细致，也有瑕疵，甚至是错误，希望能得到读者和教者的原谅。为了能还原真实的课堂教学场景，为了帮助读者能有更好的思考和实践，下面再附上执教者大会现场课的教学设计，相信这一定能给人更多的启示。

大会现场课教学设计

所在学校	北京市第四中学	授课教师	孙悦
学科（版本）	人教版语文教材	年　级	八年级
章　　节	第四单元		

课例名称	《俗世奇人·好嘴杨巴》
教学环境	纳米触控黑板
教学目标	一、知识与技能 　　1. 品味巧妙的情节安排，探究思考作品中的人物及其形象特点； 　　2. 理解人物处事的社会原因； 　　3. 了解多种人物描写方法。 二、过程与方法 　　1. 通过短剧表演，让学生在活动中兴趣盎然地学习，进一步锻炼学生理解并呈现小说人物的能力； 　　2. 通过分组评价，感知人物形象及人物组成的社会环境。 三、情感、态度与价值观 　　理解"好嘴"的本质，理解杨巴之"奇"。
教学重点、 难点措施	重点：众多人物形象构成怎样的俗世； 难点：杨巴的嘴"好"吗？如何在俗世中称"奇"？
学情分析	本文内容浅显，学生阅读往往自感一望而知，故教学着力点是通过挖掘"好"字深层意义来理解"何为俗世、奇人"。 　　文章故事情节跌宕起伏，由慢条斯理发展到骤然紧张，最后是轻松诙谐，画面感极强，再加上"津"味十足的语言，学生非常喜欢。所以教学方法上安排学生编演课本剧，其他学生通过小组合作评价剧中人物表演的优劣，一方面调动了学生的学习兴趣，另一方面能够激发学生思考，深入文本，对"何为俗世？何为奇人？"有更深层次的理解和认识。
教学资源使用	PPT，教材

教学过程			
教学环节	教学活动		活动设计意图
	教师活动	学生活动	
书名导入 谁是奇人	英译本"Street Wizards"但"俗世"绝不是"街道"那么简单，而奇人应该是这条街上最闪亮的"明星"。我们今天借助本书中的一篇《好嘴杨巴》的故事，来领略一下俗世中奇人的风采？大家读完课文后，文中谁堪称奇人？	快速阅读回答：谁是奇人。 杨七奇在茶汤手艺。 杨巴奇在一张好嘴。	快速抓住主要刻画的人物，便于筛选出其他人物的作用，从而进行有针对性的阅读。

教学环节	教学活动		活动设计意图
	教师活动	学生活动	
人物初探 寻找描写	除了这两位奇人，文章中还出现了哪些人或哪几类人？ 请同学们分组在书上勾画出刻画人物形象特点的语句。 巡视勾画情况。	找出主要人物之外的次要人物。 阅读文本，分四组分别寻找勾画刻画人物特点的语句。	注重人物描写对于刻画人物形象的作用。
人物呈现 世间百态	组织每组出 1~2 名同学表演文章中人物最全的故事片段，展现人物特点。 观看的同学进行分组点评：每组认领一个角色，观看其表演。讨论：你认为他演的精彩之处？不足之处？如何改进？ 最后全班分享、总结几个人物各自特点，及文中是如何呈现的，进而总结描写人物的几种方法。	学生表演故事片段。 观看的学生分组进行观察，并点评表演的情况，指出精彩之处及理由；指出不足之处及理由。 各组总结出各自负责的人物特点。	通过文本，深刻领会人物特点。
好嘴之辨 探寻俗世	从作者着意描述的这个情节看，谁是奇人呢？ 杨七还是杨巴？ 作者为什么称杨巴的嘴是"好嘴"？哪儿好？引导发现好嘴救人，好嘴为生存。 而这位"明星"的舞台仅仅是一条街道（Street）吗？是谁为他搭建了这个施展本领的舞台呢？	领会杨巴此时之奇。 总结杨巴的好嘴带来的利好。 对杨巴好嘴客观的认识及评价。 明确众多人物构成了成就杨巴好嘴的舞台。 领会俗世的真正的组成及意义。	体会"奇"的内涵。 进而感受"好"是有条件的"好"，"奇"是有条件的"奇"。 领会众多人物构成的社会环境才是"俗世"。 领会俗世中生存的不易。
时代之变 奇人之辨	如果放在今天的时代，杨七和杨巴谁会被我们称为"奇人"呢？	结合时代，阐明观点，给出理由。	引发学生进一步思考，时代需要什么样的奇人。

（摘自《第八届靠谱 COP 学术交流观摩活动指南》）

三

教材分析

《好嘴杨巴》这篇课文，是选自冯骥才《俗世奇人》中的一篇文章。该文与《俗世奇人》中的《泥人张》同时选入人民教育出版社出版的中学语文课本。

冯骥才，祖籍浙江，生于天津，当代著名作家、文学家和艺术家，中国文联副主席，中国民间文艺家协会主席，民进中央副主席，全国政协常委委员，国务院参事，天津大学冯骥才文学艺术研究院院长、博士生导师。

《好嘴杨巴》是《俗世奇人》18篇市井人物小说中，除《刷子李》《泥人张》之外，以手艺奇人为主人公的唯一一篇。叙述故事纯用白描，人物语言多用天津方言。情节上均是通过设置"误会"来制造危机，又通过"误会"的巧妙解除，来凸显人物的高明。

手艺人作为晚清天津城市中的底层小生产者，既缺乏资源，又无依无靠。在这种情况下，他们要想立足，只能在技能上下功夫，精益求精，靠手艺吃饭，这也是他们应对外在压力，提高生存能力的必要条件。像杨七拥有的两个绝活，使得自己制作的茶汤"粘软香甜"就是如此。也是出于对手艺的自信，一般他们在生存中无需攀龙附凤，趋炎附势，靠自己的技艺就能安身立命，维持生活。甚至在自己的尊严受到蔑视的时候，手艺人也会不自觉地予以还击，以赢回自尊。

当然，手艺人毕竟处在社会的底层，地位低下，做生意的复杂性和艰难性，也制约和威胁着他们的生存空间，一言不慎后果也许就不堪设想。像《好嘴杨巴》中的杨七和杨巴，本以为给李鸿章进献茶汤是一个千载难逢的好机会，借此可以提高杨氏茶汤的声名，甚至可以捞得赏赐。不料因为李鸿章的误会，而险些遭受杀身之祸。在这种境况下，如果杨巴直接道出实情，可能等待他的就是"挨一顿臭揍，然后砸饭碗子"的结局。但机灵的杨巴不愧是一个善于"逢场作戏、八面玲珑、看风使舵、左右逢源"的生意人，他作出了一个无奈的选择，也不得已而为之，揣着明白装糊涂，最终成功地化解了危机。这样的机智灵活，是以牺牲自己的人格为代价的。此刻，手艺人那种孤芳自赏、刚正不阿的性格已荡然无存，在面对生存困境时只能顺时应变。杨巴的一张嘴皮子，却成了杨氏茶汤生意红火乃至关系其存亡的关键因素。

由此我们不难发现，作者通过杨巴的故事告诉人们，手艺不是万能的，为了生存，手艺人也需要委曲求全，逢场作戏，曲意逢迎，这也道出了手艺人生存现实的无奈和不易。

四

听课感悟

听了这节课我收获很大，也深受启发。回合肥之后，通过不同渠道查找了不少资料，课文我也反复阅读和研究了七八遍，以下几个方面的问题是我特别关注和思考的。

一要抓过程。在本节课的教学中，我们应该抓住"过程"来进行分析和讲解，具体表现在四个字上，即"看、猜、想、说"。"看"，就是要会看李鸿章的面部表情。中堂大人面部表情的变化，即"眉头忽地一皱，面上顿起阴云"，杨巴"看"在眼里，记在心上。"猜"，就是猜李鸿章的心理活动。杨巴根据自己所看到的，立即"猜"其原因，即"中堂大人以前没喝过茶汤，不知道撒在浮头的碎芝麻是嘛东西，一准当成不小心掉上去的脏土"。杨巴为什么会有这样的判定，这一方面是基于对自己茶汤的一种自信的表现；另一方面，也是对中堂大人的了解和心理活动的准确把握。"想"，就是想自己的最佳应对办法。杨巴快速果断地作出研判和分析，即"倘若说……倘若不加解释……说不说……要紧的……必须……抢在前头说"。他的这一分析、思考过程，全面、得体而有效，也是最佳和唯一的方案。"说"，就是怎样才能打破这尴尬的场景，不至于形势恶化而无法控制。杨巴作出正确的研判和分析后，当机立断，干净利索，而不优柔寡断。他说了三句话，共50个字，即"中堂大人息怒！小人不知道中堂大人不爱吃压碎的芝麻粒，惹恼了大人。大人不记小人过，饶了小人这次，今后一定痛改前非！"真是多一字是累赘，少一字又不行，不仅恰到好处，更是耐人寻味。

二要抓引导。这是一个生动、鲜活、经典的教育案例，老师要借机培养学生正确的人生观和价值观，不能只教书不育人。毫无疑问，杨七是属于那种老实巴交的人，做人做事都很实在和本分，一心埋头干活，这是我们要肯定和提倡的。而杨巴是不是就是那种油嘴滑舌的小人，不务正业的人呢？老师必须要引导学生去分析和判断。我们不能非此即彼，非好即坏。杨巴的嘴会讲，但绝不是不靠谱的人，他分寸和机会都把握得很好，所说的话也很得体和有效。现如今，人与人之间会出现一些矛盾和问题，这也很正常。实质上这些矛盾和问题往往都是嘴的原因，没有换位思考，不会说话所造成的。人各有长短，做什么说什么都要把握好一个度，要有分寸感。实质上，杨巴的情商是非常高的。要知道一个情商高的人，最具体的表现是什么？就是要会说话。我们无时无刻不在与人打交道，无时无刻不在说话，而我们所说的每一句话，都在或多或少地影响着我们与他人之间的关系。情商高的人会说话，是因为他们在说话时不以自我为中心，懂得把别人放在心上，也试图最大限度地理解和体察别人的感受，所以他们在说话时总会让别人感觉舒服。日本顶级沟通专家佐佐木圭一就写过一本书，书名就是《所谓情商高，就是会说话》，这是一本深受日本人欢迎的人际沟通课本，也是世界知名企业员工通用的培训教材。所以说，一个人会说话说好话实在是太重要了，这也是在教学生怎样做人。

　　三要抓质疑。这篇课文只有 1 600 余字。教学时，一方面要加强阅读，要让学生多读，自由地读。从本节课的课堂教学实际来看，课堂上学生读得还是不够的。另一方面，学生读好之后，一定要质疑问难，要培养学生的问题意识。说实话，虽然全文通俗易懂，但有些东西还是不好理解的，例如"津门胜地、天津卫、九河下梢、莲花落子、秫米、府县道台"等，这是需要学生去理解的，也很有意思，能拓展学生的视野。这些关键词如果不处理好，也就不利于学生的学习，不利于学生的理解，很可惜老师没有关注到，也许在第一课时中讲过。

　　四要抓合作。要通过杨七杨巴这个小团队，培养学生的合作意识。一个团队要想有战斗力，就需要有各种各样的人，最好具有互补性。杨七好在技术上，杨巴好在嘴上，他们各展其才，各显其能，相得益彰，从而战无不胜。启示学生要树立合作意识，形成团队力量。

　　五要抓拓展。可以引导学生课后查阅相关资料，学习了解人与人之间的对话技巧，拓展学生的视野，培养学生的沟通和说话能力，不能就文本教文本。甚至可以利用学生社团，开展一些辩论赛等活动，从而真正让学生来长见识。

五

补充说明

说话是有艺术性的，也很有讲究，更是一门科学。人与人之间的沟通和对话，在日常生活和工作中是非常重要的。会说话对于我们每个人来说实在是太重要了，说话技巧的重要性也是不言而喻的。这对于初中生来说，我们无需回避，也不能回避。

一个人会说话一定不是缺点，而应该是优点。所谓的会说话，是指要说得体的话，要说恰当的话。会说话，也不是要你滔滔不绝、左右逢源、妙语连珠、口若悬河。更不是趾高气扬、阿谀奉承、溜须拍马、投其所好。对于那些心术不正的话，就另当别论了。

这节课抓住"好"字来教学是必须的，但关键问题在于我们要解读好这个"好"字。课文中的"好"，实质上是"三好"变"一好"的。"三好"，即判断得好、分析得好、表达得好；从而实现了"一好"，即效果才好，这也就是所谓的"好嘴"。一方面语文教学要有利于学生形成正确的人生观和价值观，要对学生有一定的教育意义，要重视情感、态度、价值观的正确导向。另一方面，培养学生的"口语交际"能力，本身就是语文教学的重要目标之一。也许是杞忧，但我一直在想，还是要让我们的中学生进一步明确以下几点。

一是说得体的话的重要性。说话得体十分重要，它是一个人素质的直接体现，是能否赢得别人尊重的先决条件。不得体的说话不仅会令人生厌，还会暴露自己的缺点。说得体的话有利于化解矛盾，有利于问题的解决。正所谓"一句话能成事，一句话能坏事"。

二是说得体的话的必要性。人们都说中国的语言博大精深，"一句话能让人哭，一句话能让人笑"，这一点也不假。得体的话能够给许多人带来快乐，同时也会给自己带来方便，相反，不得体的话，往往给人带来的就是不悦。一般而言，得体的话会营造一种祥和的氛围，无形之中也能增进相互间的信任和友谊。

三是说得体的话的技巧性。其实，说话做事的智慧都在于要把握好一个"度"，中国人人生的艺术与智慧又何尝不是如此呢？所以说话的技巧性是不可回避的，必须要正确面对。中国人谁都不喜欢说谎话说废话，但中国人也不喜欢在任何时候都说真话说直话。在我们中国，真实的话，不一定都要说，否则有时候会让人尴尬。正确的话在不合适的时间和不合适的对象面前说，也会变得没有意义。真实的话需要巧妙地说，巧妙的话要看对象说，这是中国人说话的艺术，这就是国情。说妥当的话，就是在合适的时间、合适的地点，对合适的对象所说的正确的话。不仅如此，说话时的眼神、面部表情和体态语言等也是有讲究和技巧的，直接影响说话的效果，也是很有学问的。

总之，如果不让学生明白这些道理，刻意回避，那对学生的发展也是不负责任的。

结尾诗

孙悦老师语文课，
俗世奇人杨巴好。
成功靠谱大机智，
诊断分析促发展。
能说会道不是错，
说话得体情商高。
从长计议为学生，
深化改革是目标。

第十课　初中数学

　　2017 年 11 月 17 日，安徽省教育科学规划课题《本真性数学课堂教学模式的实践研究》观摩展示活动，在合肥市行知学校漕冲校区阶梯教室隆重举行。来自课题组的专家和全市一百多位数学老师，参加了为期一天的观摩研讨活动，活动由合肥市教科院中学数学教研员张永超老师主持。

　　上午，合肥市行知学校年轻数学老师吴子赟，带来了一节研究课——《锐角的三角函数》。在本真性数学课堂教学模式下，吴老师带领学生对锐角的三角函数，进行了探究、讨论、归纳和总结，深入浅出，跌宕起伏，让人回味无穷。课后，老师们进行了积极的讨论和交流，这节课也得到了课题组专家和老师们的一致好评，市局张永超老师给予充分的肯定和鼓励，也提出了一些意见和建议，让我们大开眼界。

上午我全程参与了他们的研讨活动，下午因为有事，就没有参加他们的课题交流和阶段性成果展示等活动了。虽然有些遗憾，但半天的学习观摩，还是让我深受启发，也学到了很多东西。下面，就来重点谈谈这节课的教学情况。

一

教学过程

合肥市行知学校吴子赟老师《锐角的三角函数》具体教学过程，如下表所示。

《锐角的三角函数》教学过程

教　学　目　标	简　要　点　评
教学目标 　　1. 了解锐角三角函数的概念，能正确运用角的正弦、余弦、正切表示直角三角形中两边的比。 　　2. 经历从特殊到一般的探究过程，理解直角三角形中角与边的关系，进一步体会角与边之间蕴含的函数关系。 **教学重点** 　　锐角三角函数的概念。 **教学难点** 　　体会在直角三角形中角与边之间蕴含的函数关系。	教学目标明确，教学重难点突出，能够体现探究思想，符合学生实际，教学效果是非常好的。

一、复习巩固

师：同学们，在前面的第 22 章，我们学习了相似三角形的相关知识。在接下来的第 23 章，我们将继续在前面相似知识的基础上，对直角三角形进行进一步的研究。

首先，我们来复习一下与直角三角形相关的知识。

（师板画直角三角形 ABC，标上字母。并出示如下课件）

> **温故知新**
>
> 1. 直角三角形的定义。
>   有一个角是直角的三角形叫做直角三角形。
> 2. 直角三角形的判定有几种方法？
> 3. 直角三角形的性质有哪些？

生：逐一回答（省略）。

师：我们知道有一个角是直角的三角形是直角三角形。直角三角形的定义可以作为它的判定。除此之外，你还有其他的判定方法吗？

（师板书：直角三角形、判定、定义）

生 1：直角三角形的两条直角边平方和是斜边的平方。

师：（微笑）你的前提条件是它已经是直角三角形了。

复习的安排和效果都不错，只是复习内容多了一点，时间长了。

点拨很有效。

生1：一个三角形的两边平方和等于第三边的平方，这个三角形是直角三角形。

师：这是勾股定理的逆定理。

生：齐说公式（省略）。

（师板书：$a^2 + b^2 = c^2$）

师：刚才这位同学是从边的角度进行判定的，还有其他方法吗？

生2：两个角互余的三角形是直角三角形。

师：很好！你是从角的角度进行判定的。反过来，已知一个三角形是直角三角形，又能得到哪些性质呢？

（师板书：性质）

生3：直角三角形中两个锐角互余，两直角边的平方和等于斜边的平方。

学生素质比较好。

（师板书：边）

师：从角与边的角度说，非常好。还有其他性质吗？

（师板书：角）

生4：直角三角形斜边上的中线，等于斜边的一半。

老师的板书形成体系，有利于学生的学习，效果不错。

师：你是从中线的角度，很棒。还有吗？

（师板书：中线）

生：沉默。

（师在黑板上的直角三角形∠A的内部标上30°，暗示学生）

老师的暗示恰到好处。

生5：直角三角形中，30°角所对的直角边等于斜边的一半。

（师板书：边与角）

师：刚才对直角三角形性质的回忆，不难发现，前面三个性质都是一般直角三角形所具备的性质，唯独第四个性质必须是有一个角是30°的直角三角形才具有。

那么，其他的直角三角形的边与角之间，是否也具备某种特殊关系呢？这就是这节课我们要探究的内容。

二、讲授新课

师：下面，先从"直角三角形中，30°角所对的直角边等于斜边的一半"入手，探究直角三角形中边与角还具有哪些关系？

探究活动：（1）已知在 Rt△ABC 中，∠C=90°，∠A=30°，它的对边 a 与斜边 c 的比值为 $\frac{1}{2}$，尝试求出 $\frac{b}{c}$、$\frac{a}{b}$ 的比值。

生：尝试计算并回答（省略）。

师：根据学生计算情况，填表如下。

（2）学生分组探究：① 已知在 Rt△ABC 中，∠C=90°，∠A=45°，你还能求出 $\frac{a}{c}$、$\frac{b}{c}$、$\frac{a}{b}$ 的比值吗？② 当∠A=60°呢？自己计算 $\frac{a}{c}$、$\frac{b}{c}$、$\frac{a}{b}$ 的比值。

生：计算并相互交流（省略）。

师：根据学生计算情况，填表如下。

（3）当∠A=70°呢？你能算出 $\frac{a}{c}$、$\frac{b}{c}$、$\frac{a}{b}$ 比值吗？它是一个定值吗？尝试用相似三角形的知识来说明。

小结很有必要。

学生探究活动很有效，非常好。

有难度也有趣，师生互动效果不错。

生：思考并回答（省略）。

师填表如下：

填　表

∠A 的度数	$\dfrac{a}{c}$	$\dfrac{b}{c}$	$\dfrac{a}{b}$
30°	$\dfrac{1}{2}$	$\dfrac{\sqrt{3}}{2}$	$\dfrac{\sqrt{3}}{3}$
45°	$\dfrac{\sqrt{2}}{2}$	$\dfrac{\sqrt{2}}{2}$	1
60°	$\dfrac{\sqrt{3}}{2}$	$\dfrac{1}{2}$	$\sqrt{3}$
70°	确定值	确定值	确定值

师：你是如何想的？谈谈你的看法。

生 1：只要∠A=70°不变，∠A 所在的直角三角形都是相似的，所以它的对边与斜边的比值不变，是一个确定值。

师：其他的比值呢？

生 2：都是一个确定值。

师：结合刚才的思考过程，以及表格中的数据，你有什么发现吗？

生 3：∠A 的度数值越大，它的对边与斜边的比值越大。

师：这种变化关系在数学上，我们用什么关系来描述？

生 4：函数。

师：函数的定义是怎样的？

生：思考并回答（省略）

（师课件出示如下）

函　数

在一个变化过程中有两个变量 x、y，如果对于变量 x 的每一个值，y 都有唯一确定的值与它对应，那么就称 y 是 x 的函数，x 叫做自变量。

（4）师生互动归纳：在直角三角形中，$\angle C=90°$，当锐角 A 的度数确定，它的对边与斜边的比值也随之确定，且有唯一的值与之对应。

（学生体会两边的比值随角度 A 的变化而变化）

师：揭示正弦概念。类比得出余弦、正切的概念及意义，并用符号表示 $\angle A$ 的三种函数，即 $\sin A$、$\cos A$、$\tan A$。

（师示范板书）

三、巩固提升

1. 请按照老师的表达过程，表示出 $\sin B$、$\cos B$、$\tan B$。

（生口述，教师板书）

2. 如下图所示，Rt△ABC 中，$\angle C=90°$，$AB=10$，$AC=6$，求 $\sin A$、$\cos A$、$\tan A$、$\sin B$、$\cos B$、$\tan B$ 的值。

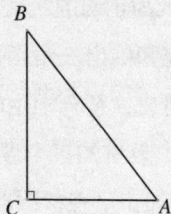

（生练习，师再分析订正）

四、总结全课

师：今天是如何研究锐角三角函数的？你有

什么心得？与大家分享交流。

让学生总结全课，效果不错。

生：回答（省略）。

五、作业布置

课本 116 页第 3 题、第 5 题。

下课！

二

整体评价

本课例设计能够大胆创新，有思想，没有拘泥于教材。教材是从生活中的斜坡问题引入，探究斜坡的倾斜程度与哪些因素相关，从而得到正切的概念，体现数学来源于生活。而此课例设计另辟蹊径，从复习"直角三角形中，30°角所对的直角边等于斜边的一半"入手，再让学生探究直角三角形中有一个锐角是 30°、45°、60°时，其对边与斜边比值、邻边与斜边比值、对边与邻边的比值，然后推广到一般情况。即在直角三角形中，当某个锐角度数确定时，其对边与斜边比值、邻边与斜边比值、对边与邻边的比值是唯一确定的，从而引出正弦、余弦、正切概念。教材是紧密联系生活实际，自然引导学生得到三角函数中的正切，然后介绍两个实际生活中的概念"坡度"和"坡角"，再给出一个例题巩固正切的定义。该课例设计是从旧知——直角三角形相关知识出发，引导学生探究归纳出三角函数中的正弦、余弦和正切，然后再给出例题巩固这三个概念，一气呵成，符合学生的认知规律，课堂自然朴实，打破了教材人为的知识分布。此课例把教材的三个课时内容融合在一起，将教材中的课时内容和安排进行了重新的整合，知识呈现整体性、紧密性更好一点，课堂的数学味更浓一点，新旧知识衔接更科学一点。

这样设计，本节课的课时内容非常充实，时间很紧凑，对老师组织教学的能力和课堂调控能力要求较高，对学生的探究归纳能力和数学基础要求也较高。另外，为避免本节课浅尝辄止，学生懂而不会的现象，应该要配套有第二课时，巩固三角函数的概念，尤其是熟练掌握特殊角的三角函数，还有三角函数的一些简单的实际应用。总之，这是一节值得研究和推广的好课。

三

教者反思

吴老师的这节课是《本真性数学课堂教学模式的实践研究》课题观摩展示课，属于一节研究课。她是基于以下两点的思考，来整合教材，从而设计出这节课的。

1. 锐角三角函数与我们之前研究的一次函数、二次函数内容编排不同，因受限于知识的内部结构发展以及学生学情的考虑，教材只得浅尝辄止，导致很多学生学完了都不明白这个课题究竟是何意。正因为如此，她采用三个函数概念一起探究的思路来组织教学，这样函数味就更浓一些。

2. 教材中对等腰三角形、等边三角形都进行系统的归纳整理，唯独直角三角形是"落寞"的，与之相关的知识点散落在不同的章节里，而直角三角形在九年级的第 23 章是唯一一次整体"露脸"，那么，为何不在这里将相关知识进行整合，让学生对直角三角形的知识理解具有整体性与延续性呢？为此，她选择了从学生已掌握的直角三角形的旧知入手，来进行探究活动。

但是，预设只能是预设。在教学过程中，因为她对学情估计不足，导致直角三角形的性质复习时间过长。而新授过程中，学生对三角函数概念理解又不够透彻，加上本节课内容含量大，学生的理解就是一个很大挑战。另外，因为是内容整合，肯定要考虑后面的教学如何展开，否则这就成了孤立的"作秀课"，无立足之本。因此，她在这节课后还将安排一节课，来巩固学生对锐角三角函数的理解，并用三角函数知识解决实际问题，体现知识的应用性，学以致用。唯有这样，才能让知识入地生根，继续生长，开花结果。

四

教材分析

下面，我们再来分析一下沪科版教材《锐角的三角函数》的部分教学内容，具体如下图所示。

1. 锐角的三角函数

图 23-1

[1]

汽车免不了爬坡，爬坡能力是衡量汽车性能的重要指标之一，汽车的爬坡能力是指汽车在满载时所能爬越的最大坡度，怎样描述坡面的坡度（倾斜程度）呢？（图 23-1）

[2] **交流**

在图 23-2 中，有两个直角三角形，直角边 AC 与 A_1C_1 表示水平面，斜边 AB 与 A_1B_1 分别表示两个不同的坡面，坡面 AB 和 A_1B_1 哪个更陡？你是怎样判断的？

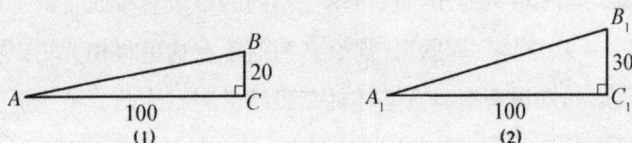
图 23-2

类似地，在图 23-3 中，坡面 AB 和 A_1B_1 哪个更陡？你又是怎样判断的？

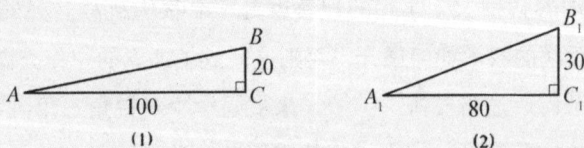
图 23-3

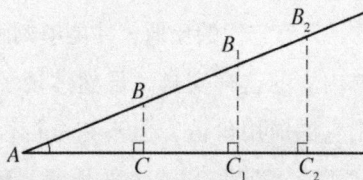

图 23-4

如图 23-4，在锐角 A 的一边任取一点 B，过点 B 作另一边的垂线 BC，垂足为 C，得到 Rt $\triangle ABC$；再任取一点 B_1，过点 B_1 作另一边的垂线 B_1C_1，垂足为 C_1，得到另一个 Rt $\triangle AB_1C_1$……这样，我们可以得到无数个直角三角形，这些直角三角形都相似，在这些直角三角形中，锐角 A 的对边与邻边之比 $\dfrac{BC}{AC}$，$\dfrac{B_1C_1}{A_1C_1}$，$\dfrac{B_2C_2}{AC_2}$ ……究竟有怎样的关系？

在图 23-4 的这些直角三角形中，当锐角 A 的大小确定后，无论直角三角形的大小怎样变化，$\angle A$ 的对边与邻边的比值总是一个固定值.

如图 23-5，在 Rt $\triangle ABC$ 中，我们把锐角 A 的对边与邻边的比叫做 $\angle A$ 的正切（tangent），记作 $\tan A$，即

[1]

[2] $\tan A = \dfrac{\angle A \text{ 的对边}}{\angle A \text{ 的邻边}} = \dfrac{BC}{AC} = \dfrac{a}{b}$. [3]

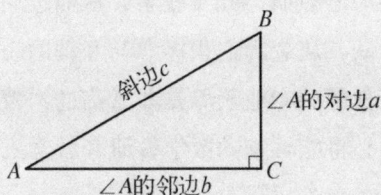

图 23-5

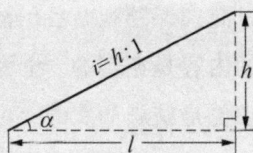

图 23-6

如图 23-6，正切经常用来描述坡面的坡度，坡面的铅直高度 h 和水平长度 l 的比叫做坡面的坡度（或坡比），记作 i，即

$$i = \dfrac{h}{l} \text{（坡度通常写成 } h : l \text{ 的形式）.}$$

由这一教材内容不难发现，锐角三角函数是从测试汽车爬坡能力开始来引出问题的。从而让学生明白，一个坡面仅垂直高度或水平长度是不能衡量这个坡面的倾斜程度的，只有它们的比值，才能够刻画坡面的坡度，从而引入正切函数。

教材内容的这样安排，虽然体现了数学来源于生活，有利于学生树立问题意识，突出它的应用价值，但不完全符合初中生的认知规律和生活实际。因为一个坡面的"垂直高度"和"水平长度"隐藏在斜面里面，虽然学生勉强能够"看"得到、想得出"垂直高度"。但对于坡面的"水平长度"，就难为学生了，他们压根儿就"看"不到，也很难想象出"水平长度"来。不像旗杆的高度和旗杆的影长那样，学生一目了然。这完全是为了引入正切函数的方便而人为安排的，所以值得商榷。

五

听课感悟

不管怎么说，本节课上的还是非常成功的，教学效果是比较理想的。我在最后的谈话中说：真的要感谢市教科院为瑶海区数学老师乃至全市的数学老师，搭建了一个良好的交流研讨平台，让老师们能够潜心教研，扎实教学，从而进一步提高课堂教学质量。通过此次课题观摩展示活动，从老师们积极参与互动的表现中，不难看出本次活动的内容是充实的，上课教师的专业素养是非常高的，教学能力也是强的，本次活动更是精彩务实的，也必将能够推动数学教研和教学工作再上新台阶。

就这节课来说，我也谈了一些个人的看法。首先是"新"，即有新意，有创新，有新的突破；其次是"实"，即教学很实在，很实际，很实用；再次是"活"，即教学形式灵活、多样，教学过程活泼、丰富；最后是"好"，即教学效果是好的，也是很不错的。本节课颠覆了我对传统数学课堂教学的看法。当然，也有两点需要加强，一是探究活动和内容要加强，二是要增加一些微课内容，从而进一步减轻教学负担。

结尾诗

三角函数公开课，
本真数学来研究。
市级观摩吴子赟，
行知风采尽展示。
师生互动很有效，
提高质量看学生。
大家评课说真话，
教研活动收获大。

第十一课　初中物理

由于受中高考的影响，各地中学教研活动开展起来都有一定难度，中学老师参加各级各类教研活动的积极性不是很高。但我区中学物理教研活动是一个例外，是开展得比较规范和正常的。

我区初中物理教研活动，主要围绕3个方面来研讨，一是课堂教学，二是中考实验和复习，三是最新教学改革动态和方向等。因为每次我都能坚持参加教研活动，并积极与他们交流和研讨，这可能是教研活动开展比较好的原因之一。也打造了瑶海物理教师团队，这让我感到很欣慰。另外，还有一个重要原因就是，我区物理学科教研活动是依托高学政名师工作室坚持每两周（星期四上午）开展一次活动。高学政非常认真负责，也是我区教研活动能够正常开展的原因所在。高学政是合肥市行知学校的物理老师，安徽省教坛新星，我区物理学科的带头人，区兼职教研员，名师工作室主持人。他的名师工作室就设在合肥市第三十八中学南陵路分校。由于我区中学并不多，所以每次全区物理教研活动就与高学政名师工作室的活动合二为一，轮流在各中学开展教研活动，这样不仅能够促进全区物理教师的专业发展，而且也能减轻物理老师们的负担。

说实话，我区物理学科的这种教研活动形式，既是一种活动创新，也是一种教研创新，已经形成了瑶海区物理学科教研特色，并取得了显著成效。尽管我工作比较忙，但还是克服困难参加他们的活动，也乐于经常见到物理老师们，和他们来多聊聊，这样不仅能够充实自己，而且也不忘自己的老本行，毕竟我是物理老师和教研员。

下面，主要就我区 2017—2018 学年度第一学期物理教研活动中，两次研讨课的有关情况，来作一个介绍。本学期我共听了六节物理课，其中这两节课给我留下深刻印象。

一

第一节课

2017 年 10 月 19 日，合肥市瑶海区物理教研活动在合肥市第三十八中学南陵路分校举行，此次活动的内容主要有两项：第一项是来自合肥市行知学校的王朋老师，他执教《光的反射（第一课时）》这一课；第二项是参会老师对王朋老师的课进行评议，并讨论下一步物理教学中的相关问题。本次活动的主题是——让课堂教学成为教研活动的主阵地。

上海科学技术出版社义务教育教科书《物理》八年级（全一册）第四章《多彩的光》中的第二节是《光的反射》，合肥市行知学校王朋老师所上的这一课的具体教学过程，如下表所示。

《光的反射》教学过程

教 学 过 程	简 要 点 评
一、引入新课 　　说明：为了让学生知道"生活处处有物理"和"物理来自生活，物理服务生活"，同时让学生注意"光和声音传播条件不同"，所以创设如下情境，并提出以下两个问题。 　　1.为了体现"生活处处有物理" 　　师：老师为什么要佩戴麦克风？ 　　生：提高声音，尽可能让大家都听到。 　　师：以上行为是改变了声音的哪一个基本特性？ 　　生：响度。 　　2.为了引入新课"光" 　　师：现在大家能看见我吗？为什么？ 　　生：能，因为有光。 　　师：走到黑板后面（藏了起来）。 　　师：现在能否看见我？ 　　生：不能。 　　师：为什么？要解释好这个现象，就需要学习"光的传播"。 **二、新课教学** 　　说明：我们生活在五彩缤纷的世界里，有了光，世界才精彩。人们能看见物体，就是因为有了光，有的物体发光，有的物体反射光，从而引出光源的问题。	"生活处处有物理"，创设情境，并提出问题，教学效果比较好。 联系实际拓展视野，非常好。 老师躲到黑板后面，很是有趣，针对性也比较强。

1. 光源

生：阅读课本。

学生阅读课本，引出光源，效果不错。

师：光源的概念是什么？

生：正在发光的物体。

师："正在"咋理解？投影出示如下图片。

生：讨论，并举例说明（省略）。

师：再简单介绍分类（省略）。同时出示如下。

此处讲解透彻。但投影片如果能分层次出示，效果会更好。下同。

正在发光的物体叫做光源

（如：太阳、点燃的蜡烛、开亮的电灯、燃烧的火把、极光、恒星、萤火虫、水母等）

天然光源：如太阳、水母、极光、恒星、萤火虫等

人造光源：如火把、开亮的电灯、点燃的蜡烛等

师：目前教室就有光源——日光灯，它发的光是怎么传播的呢？

提出问题很有必要。

2. 光的传播

说明：因为白天光线强，实验现象不明显。引导学生思考怎样才能让实验现象明显？从而实验探究——光是如何传播的。

实验一：光在空气中是如何传播的？

师：如何做实验？

生：用激光笔直接照。

生：一位同学到前面演示一下（现象不明显）。

师：要让现象明显怎么办？

生：讨论交流（也没有明确办法）。

师：引导、出示喷水壶。

生：尝试实验，再认真观察。

师：桌面上还有个装有烟的瓶子。

生：再试一试，并观察现象，小结规律（省略）。

实验二：光在水中是如何传播的？

师：光在液体中怎么传播呢？

生：也是直线传播。

师：你怎么知道的，是否正确，咋办？

生：猜的，实验验证。

生：实验——用激光笔直接射入水中（现象也不明显）。

师：咋办？

生：看见讲台上有饮料和装茶的水杯后，就说用饮料瓶来做实验。

生：尝试实验（现象较明显）。

生：用水杯再做一次实验（也明显），再小结规律（省略）。

说明：这里要提醒学生，不管在气体还是液体中，通过这一形式，只是让现象更明显，不是使它们直线传播的。

实验三：光在透明固体中是如何传播的？

师：在固体中，光又是怎样传播的？

生：也是直线传播。

师：为什么？

生：肯定是，做实验试试吧。

师：用什么材料来做实验？

生：玻璃。

生：用玻璃砖来做实验，观察现象。

> 师生合作来做一些小实验，非常好。但光线有点弯曲怎么办？值得关注。

> 深化问题，学生探究，很有必要。

> 让学生来尝试做实验，效果不错。但最好不要让学生看到相关器材，否则，有暗示嫌疑。

> 层层递进，非常好。

师：播放"光在固、液、气中传播实验"的微课。

生：总结规律（省略）。

师：如果介质不均匀又怎么样呢？投影出示如下。

> 空气、水、玻璃等透明物质我们称为介质
> ## 光在同种介质中沿直线传播
> 如果介质不均匀将会发生什么现象？

生：讨论交流（省略）。

师：播放"光在糖水中传播"的视频，让学生真正理解"均匀"的含义。

师：学习知识有啥用？

生：回答（省略）。

师：讲解影子、月食和日食，投影如下所示。并播放相关视频，学生观看。

利用光的直线传播解释有关现象

影子的形成：光在传播过程中，遇到不透明的物体，在物体的后面光不能达到的区域便形成了物体的影子。

微课效果不错。

学生总结规律比较好。

最好也能够分层出示，不要整体出现，这样更有利于学生的学习和思考。

教学效果不错。

提出问题，能够激发兴趣，很有必要。

此处几个图片简洁明快，针对性非常强。不仅能够拓展学生的视野，更有利于学生的学习。

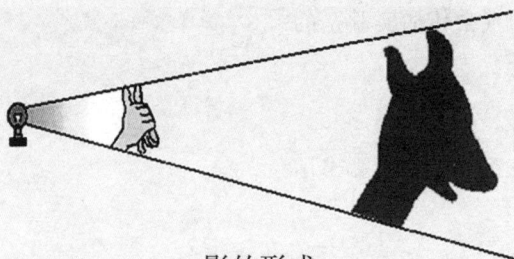
影的形成

月食

地球挡住了太阳射向月亮的光线，在地球后方形成一个大影子区域，当月球处于这个区域时，太阳光不能直接照射到月球上就形成月食。

月食和日食最好要加大对比力度，这样学生印象才会深刻。

日食

月亮挡住了太阳射向地球的光线，在地球上的影子区域内即使在白天也不能看见太阳，就形成了日食。

分析、讲解效果不错，学生很容易就能掌握。

　　说明："小孔成像"，因白天光线强，实验效果不好，老师只是引导学生怎么做实验，让学生回去做，养成课后继续学习和探究的习惯。

　　师："小孔成像"有什么特点？大小怎样？与小孔形状有关吗？投影出示如下图片，并分析讲解。

小孔成像

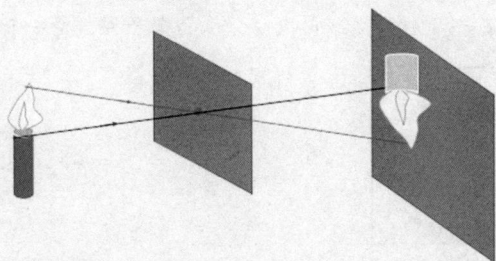

图片设计最好要有立体感，遮挡的光线要用虚线。

说明："物理服务生活"，从而让学生了解物理知识的运用。

师：因为有光，我们能看见物体，如何表示光的传播路径呢？依次投影出示如下，并引入光线。

此处引出光线，有点迟了，也值得商榷。因为前面在介绍影子和小孔成像时，就涉及到了。

如何描述光传播的路径和方向？

★ **光线：用一条带箭头的直线描述** ————————

★ **点光源发出的光线：**

★ **平行光线(太阳光)：**

★ **注意：光存在，光线不存在，是人们用来表示光的传播路线的一种方法(模型法)。**

3.光速

师：光可以在固体、液体和气体中传播，甚至在真空中也行。传播的速度相同吗？投影介绍如下。

3.光速

光在真空中的传播速度 $C=3 \times 10^8$ 米 / 秒

介　质	光　速
真空	3×10^8 米 / 秒
空气	略小于真空的速度，近似 3×10^8 米 / 秒
水	约空气中的 3/4
玻璃	约空气中的 2/3

光速的介绍，最好能够形象化一点，否则学生印象不深，是一个枯燥的数据。

三、课堂练习

说明：及时反馈，巩固新知，强化应用。

填空题 3 个、选择题 2 个，分析题如下（省略）。

课堂练习的设计和处理，针对性比较强，效果不错。

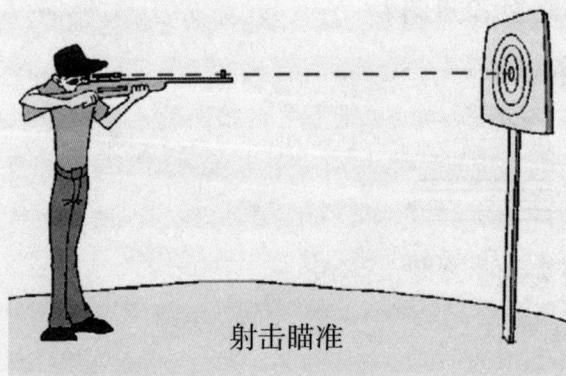

射击瞄准

下课！

170

二

第二节课

2017 年 12 月 28 日上午，我们在合肥市行知学校漕冲校区开展全区初中物理学科教研活动。这次活动是由行知学校王青贤老师来上研讨课，他所上的是沪科版八年级物理第五章《熟悉而陌生的力》中第一节《力》这一课，如下表所示。

《力》的教学过程

教　学　过　程	简　要　点　评
一、引入新课 　　说明：为了激发学生学习物理的兴趣，以及对学生进行爱国主义教育，播放"神舟飞船"发射视频，让学生观看。 　　师：播放"神舟飞船"火箭发射视频。 　　生：观看。 　　师：看后有什么想说的？ 　　生：为什么火箭会上天？ 　　师：引入新课，板书课题。 **二、新课教学** 　　说明：为了调动学生参与课堂教学的主动性，培养他们提出问题的能力，同时也能提高学生的语言表达能力，特让学生提出如下问题。用爱因斯坦名句"提出问题往往比解决问题更有价值"，来鼓励学生提出问题。	此段视频非常好，很有震撼力。 让学生提出问题，恰到好处。 新课引入很自然、流畅。

师：力同学们都比较熟悉，关于力同学们想提出哪些问题？

生1：力是怎么产生的？

生2：力的单位是什么？

生3：什么是摩擦力？

生4：力是什么？

生5：运动还需要力吗？

生6：力怎样测量？

生7：力的效果是什么？

生8：力的作用是相互的吗？

师：同学们表现很好。这么多问题我们本节课不可能一一解决，我们主要解决以下3个方面问题。

（a）力是什么？

（b）力的作用有什么特点？

（c）力的作用效果有哪些？

（师将上述其他问题擦去）

说明：此处点出了本节课的知识提纲，便于同学们把握住重点。

1. 力是物体对物体的作用

师：投影出示如下与力有关的图片。

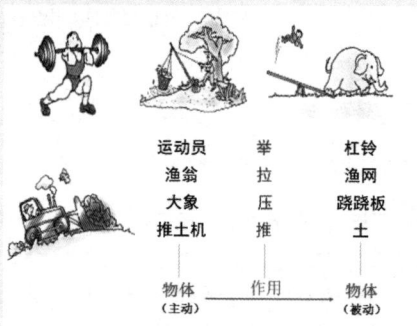

运动员	举	杠铃
渔翁	拉	渔网
大象	压	跷跷板
推土机	推	土

物体（主动）——作用——物体（被动）

有利于培养学生的问题意识，非常好。

突出重点，明确任务，很有必要。

172

生：观察图片并思考。

师：以上现象有什么共同特点？

生：尝试回答——力是物体对物体的作用。

（师板书）

说明：此处设计力图体现从生活走向物理这一理念。

师：一个物体能不能产生力？

生：回答（省略）。

师：引导学生对力的概念进行剖析，得出如下结论。

力的产生需要两个物体：（a）施力物体（主动）；（b）受力物体（被动）。

师：课件出示如下 3 个动态图，问施力和受力物体是什么？

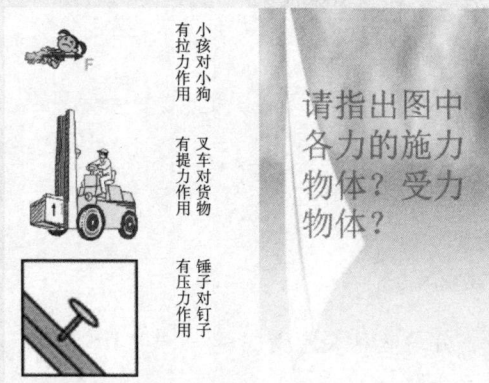

生：尝试回答（省略）。

师：演示袖藏磁铁吸引小磁针实验。

生：观察，参与游戏互动并小结现象。

生：不接触的物体可以产生力。

引导学生来分析概括，很好。

总结恰到好处。

此图是截取的，清晰度不够。下同。

老师将磁铁藏在衣服袖里，非常有吸引力，让人意外。

师：投影出示如下。

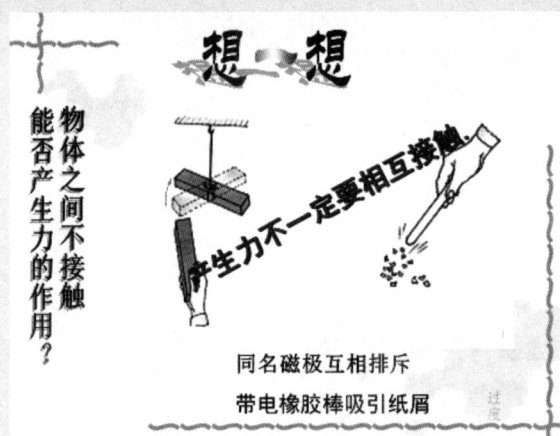

想一想

物体之间不接触能否产生力的作用？

产生力不一定要相互接触

同名磁极互相排斥

带电橡胶棒吸引纸屑

投影出示要分层进行，不能把所有内容同时呈现在学生面前。

生：观察、思考。

师：演示黑板擦下落。

生：观察。

很有针对性，非常好。

说明：此处设计主要想增加课堂教学趣味性，激发学生参与热情。

师：现在我们知道力是物体对物体的作用，主动的是施力物体，被动的是受力物体。

同学们想做施力物体，还是想做受力物体？

比较有趣。

生：（异口同声）施力物体。

2. 力的作用是相互的

师：请同学们用手拍桌子，并谈有什么感受（提醒用力不要太大，具体原因你们懂的）。

此处小实验很好。

生：痛。

师：桌子是受力物体，痛的应该是桌子，你们怎么会感到痛呢？

生：手受到桌子的力。

师：（在学生回答的基础上，引导学生进行分析得到）"力的作用是相互的"。

（师板书）

说明：此处设计主要是想让课堂贴近学生生活。

生：穿旱冰鞋手推墙实验。

师：再播放推墙课件及图片。

生：观看，并说明原因。

师：请同学们用"力的作用是相互的"解释生活中的现象（游泳、划船等）。

生：解释说明（省略）。

生：再举例（省略）。

师：掌声响起来。

生：鼓掌。

说明：此处设计力图体现从物理走向生活这一理念。

师：出示下图。

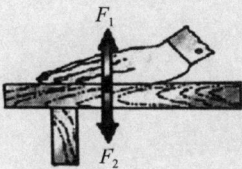

（a）手对桌子作用一个力，桌子也对手作用一个力

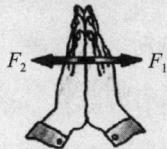

（b）左手对右手作用一个力，右手对左手也作用一个力

（c）手拉橡皮筋，橡皮筋也在拉手

（d）手向上提包，包也在向下拉手

生：分析说明（略）。

师：请同学们用桌上的气球做相关实验。 这个实验很有针对性。

生：做实验。

生：展示气球反冲实验。

师：播放微课——力的作用是相互的。

生：观看。

说明：此处设计主要为回答课前预留问题作铺垫。

师：同学们有没有这样的体会，因打架被老 激发兴趣，非常好。师叫到办公室。老师常问的一句话是"你俩谁先打谁的？"这种问法正确吗？为什么？

生：不正确，作用力与反作用力同时产生。

3.力的作用效果

师：同学们现在知道为什么不能打架了吧！ 此处讲解还不够细致。可有的同学偏要打架。据我从教近20年的经验发现：用手打别人脸的情况常见，但用脸去打别人手的现象从未见过，为什么？

生：脸痛些。

师：这说明同样的力作用在脸上和手上，产生的效果不一样。那么力的作用效果有哪些呢？请同学们看过课件后回答。

师：播放课件——力的作用效果。

生：观看并小结（省略）。

师：归纳总结（a）使物体形变；（b）改变物 总结很有必要，效果不错。体的运动状态（由动到静，由快变慢，由慢变快，速度方向改变）。

说明：此处设计主要想突破重难点，培养同

学们分析问题的能力。

　　师：火箭为什么会升空？

　　生：回答（省略）。

　　生：再次演示气球上升实验。

　　说明：此处设计是为了课堂首尾照应。　　　　此实验首尾呼应，非常好。

三、总结全课

　　师：通过本节课的学习，同学们有哪些
收获？

　　生：小结全课（省略）。　　　　　　　　　让学生总结很好。

四、课堂练习

　　师：投影课堂练习（省略）。

　　生：练习。

　　　　　　　　　　　　　　　　　　　　　　练习效果不错。

五、布置作业

　　（a）p104（1，2，3）。

　　（b）预习下一节内容。

　　下课！

　　　　　　　　　　　　　　　　三

教者反思

　　王朋老师认为，《光的反射》这节课的主要教学目标就是要让学生了解光沿直线
传播的现象，通过实验探究认识光的直线传播产生的条件，培养学生动手能力、观
察能力和概括能力，并能利用光的直线传播解释生活和自然界中的一些重要现象。
他认为，本节课体现了"由生活走向物理，由物理走向社会"的理念，也充分发挥
"实验在物理教学中的作用"。

王青贤老师认为《力》这一节课，主要介绍力的定义、物体间力的作用是相互的、力所产生的效果这三方面内容。本节课是学生第一次接触力的概念，比较抽象，也与同学们的生活实际紧密联系。基于此尽量从学生的生活中选取课程资源，利用多媒体等手段创设情境来激发学生的求知欲望，让学生主动参与，并用自己已有的知识去构建新的知识。整个设计理念，坚持"学生能完成的就让学生去完成，教师只在必要时给予点拨，创设情境支撑学生的学习兴趣"。本节课最大的成功就是把学生的积极性调动起来了，学生学得很愉快。

两位王老师上完课后，根据听课老师们的意见和建议，他们也进行了认真的反思，都很谦虚。认为这两节课也存在一些问题，主要表现为：1. 讲解多了点；2. 语言也不精练，时间分配不合理；3. 还有些实验现象不够明显；4. 反馈练习少；5. 事先预计不足、准备不充分；6. 多媒体应用不熟练；7. 有的实验还没有做好等。他们还认为，今后应该在以下几个方面努力：1. 准备要再充分一些，并做好应变；2. 心中有教案，努力使课堂教学成为艺术；3. 重难点要吃的更透一些；4. 对学生进行赏识教育，给学生信心；5. 不断更新自己的知识库，继续开放课堂探索，努力把课堂上生成的东西转化为课程资源；6. 加强多媒体技术的学习，更新自己的教学手段；7. 努力提高自己的普通话水平。

四

整体评价

我区兼职教研员高学政老师对这两节课，也有自己的一些看法。合肥市行知学校的这两位王老师，执教的是沪科版八年级物理两节典型课例。他认为：一是两位老师教学风格幽默风趣，课堂气氛轻松活泼，教学效果良好。课堂教学效果的好坏，很大程度上取决于课堂教学的氛围，课堂教学的氛围是由老师营造的，如果一个老师能够给学生创造轻松愉快的学习氛围，那么，学生在学习过程中就能够放松自己的心情而认真思考，不会担心导致心情紧张，效果就会更好。反之，学生的学习效果就可想而知了。在课堂教学风格上，两位王老师非常相似，都以轻松幽默为主。王朋老师的引入，从声音和光的相同之处和不同之处引入，同时以捉迷藏的形式，进入学生的视野，给学生营造一种轻松愉快的学习氛围，从而为一节课的成功奠定良好的基础。王青贤老师的课，在教学过程中则加入了小魔术的环节：将磁铁藏在袖子里面，然后靠近小磁针，问学生小磁针为什么会转动。从而引出施力物体和受力物体等相关问题。两位老师语言的幽默风趣，还体现在学生回答问题的过程当中，当学生回答错误的时候，或回答不全面的时候，两位老师不是直接指出学生的错误，而是从多方面引导，并用轻松幽默的语言来鼓励学生，从而提高了学生回答问题的积极性。从课堂氛围的营造方面，可以看出，两位老师都能够驾轻就熟，创造轻松愉快的学习环境，体现出两位老师扎实的教学基本功和高超的课堂驾驭能力。

二是两位老师都能充分发挥实验在物理教学中的作用。实验是学生学习物理的重要方法之一，也是老师重要的教学手段之一，实验在物理教学中的地位不言而喻。两位老师的教学过程中，都充分发挥了实验在物理教学中的作用。在王朋老师的教学中，因为光的直线传播是不易观察到的，那么如何显示光路呢？通过让学生讨论、学生展示、学生总结的方法，找到了显示光路的有效途径，这一教学过程不但调动了学生学习的积极性，而且还培养了学生的实验设计能力和动手操作能力，从而对光的直线传播有更进一步的了解。而王青贤老师的教学和学生生活联系非常密切，在自己设计部分实验的基础上，更多地调动学生积极性，让学生自己设计实验来证明物体间力的作用是相互的，以及力的作用效果。两位老师的教学过程都体现了实验对物理学习的重要性。在处理实验方面，二人不是简单地将实验再现，而是让学生自己能够根据需要解决的问题设计实验，并且展示自己的实验成果，使实验教学提升到了一个新的层次。

三是两位老师都比较重视学生能力的培养。教学，并不是将简单的知识教给学生，而是让学生学会知识，利用所学知识来解题的过程。两位老师都注重以下能力的培养：

1. 实验能力的培养。由于光的直线传播和力两部分内容与学生的生活密切相关，学生对相关知识也比较了解，所以在学习过程当中，学生可以有更多的发言权。正因为如此，两位老师在教学过程当中，没有机械地照搬课本上的实验，而是在提出需要解决的问题之后，让学生自己设计实验来解决问题。两位老师在解决问题的时候，都是以实验为先导的，要求学生能够根据自己需要解决的问题和利用身边的器材，解决我们的课堂问题。他们的这一教学思路，把培养学生的实验能力落到实处，学生在小组讨论——设计实验——展示实验——完善实验的过程中，学习能力、分析问题的能力、解决问题的能力和实验探究能力，得到了最大程度的提高。

2. 语言表达能力的培养。语言表达是人与人之间交流最基本的工具，而学生的语言表达能力也同样是我们教学的重要目标之一。老师在教学过程当中，扬弃了一言堂的做法，充分发挥教师主导、学生主体的作用。两位老师提出问题之后，让学生大胆猜想，并且表达自己的猜想，让学生积极讨论，发表观点，实验以后再让学生总结归纳，这样学生不但提高了语言表达能力，而且分析问题的能力也得到了提高。两位老师以上做法，对培养学生的语言表达能力非常有益。此外，他们在训练学生表述实验现象、表达实验结果和规律的时候，还要求学生精准找出需要表达的关键词，从而让学生知道，在语言表达过程当中需要抓住的重点是什么。从而培养学生语言表述的准确性、精确性和合理性，这些都是语言表达最关键的问题所在。

3. 逻辑思维能力的培养。初中物理教学中有一个重要目标，就是要求学生能够根据大量的实验现象，归纳总结物理规律，这一教学目标的实现，需要老师培养学生的逻辑思维能力，从而能够从大量的现象中，抽象出具体的物理知识和物理规律。二人在教学过程当中均体现出这一方法，即引导学生从大量的实验现象中找出共同点，从而归纳出这些大量的实验现象所蕴含的物理规律。从而培养学生的逻辑思维能力，这是物理教学最大的成功之处。

总而言之，两位老师的教学非常成功，从学生的反应来看，课堂效果良好，也得到了与会老师的一致好评。但金无足赤，人无完人，两位老师在教学过程当中也存在一些小的瑕疵。例如王朋老师在演示光在液体中沿直线传播的时候，光束以扇形发射出去，所以在光束的方向性方面，还需要进一步的提高。王青贤老师在教学过程当中，普通话的运用等方面还有待提高。此外，两位老师在设计实验和展示实验的时候，实验的可视性方面也需要作出进一步的努力，从而提高实验现象的稳定性、可重复性和实验效率。

五

听课感悟

这两节课，两位王老师以幽默的语言、亲切的教态征服了学生和听课老师，课上得很是有趣。体现物理来自于生活，物理服务于生活的教学理念，并在这个理念的引导下来进行教学。两节课环环相扣，水到渠成，展示了行知学校物理教师的风采。

课后的研讨，参会老师也能积极发言，并对二人的教学给予高度的评价和肯定，同时也指出教学中的不足之处。这样的教研活动，真正做到了"共同学习、共同进步、共同成长"。

作为一个物理教育人、教研人，我认为这两节课是实实在在的物理课，虽然没有什么花里胡哨的东西，但学生学的扎实，学的有效，作为常态课还是很不容易的，也具有一些共性的东西，值得我们去学习和实践。具体表现在以下几个方面：

1. 联系学生生活实际。两节课都能够紧密联系学生的生活实际，让学生有一种亲近感，增加了物理教学的趣味性，课堂教学很实在。

2. 体现物理学科特色。物理教学来源于实验，也用之于实验。这两节课都有不少小实验穿插其中，从而能够激发学生学习物理的兴趣，提高课堂教学效益，也充分展示了物理学科教学的特点，这是其他学科所不可比拟的。

3. 注重师生互动。这两节课，师生互动积极有效，充分体现了新课改理念，突出核心素养，注重能力培养，教学过程活泼、自然和有效，完全没有"满堂灌"的影子，所以教学效果是非常好的。

4. 充分发挥信息技术的作用。这两节课都能将信息技术与课堂教学融合在一起，从而更好地为教学服务，优化了课堂教学，提高了教学效率，也能够更好地为学生发展服务，让人印象深刻。

同时，也要注意以下几点：一是物理是一门以实验为基础的学科，所以要进一步发挥实验在物理教学中的作用，同时，还要注意一些实验的创新。二是在教学过程中，还要更充分发挥学生的作用，真正做到"教师主导、学生主体"。三是多媒体的使用还需要进一步优化，要有利于学生的学习和思考。也希望我区的物理教研活动能够坚持深入开展下去，推出更多新人，为瑶海的物理教育和教研工作添砖加瓦。

结尾诗

课堂教学真出彩，
生活处处有物理。
两位骨干王老师，
精心设计来教研。
货真价实常规课，
实验教学创特色。
区内研讨氛围好，
同伴互助共成长。

第十二课　初中化学

2017 年 10 月 18 日上午，合肥市瑶海区教研室和信息中心联合开展化学学科教研活动暨数字化技术在教学中的应用与研讨，本次活动在合肥市行知学校漕冲校区开展。区教研室化学教研员、信息中心领导和全区 30 多位化学骨干教师参与研讨，笔者也参加他们的活动。活动的最后，还进行手持技术设备的相关培训，大家受益匪浅。

本次活动中，合肥市行知学校朱晓辉老师的数字化实验探究课——《科学养鱼》，充分利用数字化化学传感器的数字分析功能，形象直观地让学生体验水质对鱼儿成长的影响，把枯燥抽象的知识，通过动态的溶解氧数字曲线变化来分析，学生更容易理解，极大地提高了课堂教学效果，同时也激发了学生学习化学的兴趣和热情，获得了听课教师的一致认可和好评。

课后，全体成员进行了认真评议，大家畅所欲言，各抒己见，在充分肯定的基础上，

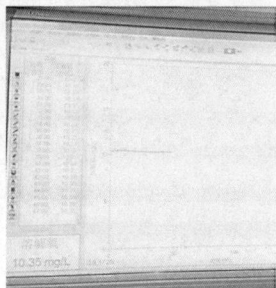

也提出了一些中肯的意见和建议，研讨的效果非常好。最后，我也谈了自己的一些想法，并提议朱老师根据大家的意见修改完善后，在其他学校再上一次，来进行反复研讨和教研，这样老师们的收获就会更大。

一

教学过程

合肥市行知学校朱晓辉老师所上的《科学养鱼》这一课，具体的教学过程，如下所示。

《科学养鱼》教学过程

教 学 目 标	简 要 点 评
一、教学目标 　　1.通过探究掌握水中溶解氧的影响因素； 　　2.通过分析提高学生理解图像的能力，启发智力；	教学目标明确，符合学生实际，有针对性，教学效果是很不错的，但表述形式值得推敲。

3. 通过讨论提升学生合理设计实验的能力；

4. 体会数字仪器对实验的作用。

二、教学重难点

1. 探究水中溶解氧含量与温度的关系；

2. 分析曲线的变化。

重难点把握准确，恰如其分。

教 学 过 程

一、情境引入

师：鱼放在自来水中，一段时间后，为什么会死亡？

创设情境，提出问题，直奔主题。教学效果不错。

生：猜想、讨论。

生：提出猜想——① 可能是缺氧；② 水质问题；③ 疾病；④ 没有食物等。

让学生来猜想非常好，也很有针对性。

二、探究新知

1. 探究自来水中溶解氧的含量

师：今天我们一起，先来探究水中溶解氧的含量与鱼类生存的关系。

突出问题，围绕主题，很有效。

自来水中溶解氧含量到底是多少呢？鱼类又需要怎样的溶解氧含量来生存呢？下面我们一起来一探究竟吧。

　　实验用品：光学溶解氧传感器、水槽、铁架台等。

　　实验步骤：将光学溶解氧传感器固定在铁架台上，放在盛有水的水槽中（提前安装和调试好）。

　　生：采集数据（省略）。

　　师：可以发现在20℃时，水中溶解氧含量约为10.35毫克每升。根据资料显示，鱼在水中溶解氧含量高于5毫克每升时可以正常生存。

　　那么，能否说明鱼的死亡不是溶解氧含量低导致的？

　　生：鱼在水中一段时间，溶解氧含量可能会有下降。

　　2. 探究鱼在鱼缸中一段时间内溶解氧含量的变化

　　实验用品：光学溶解氧传感器、水槽、金鱼、温度传感器、铁架台等。

　　实验步骤：将光学溶解氧传感器、温度传感器固定于铁架台上，并放置于盛有水的水槽中。向水槽中放入5条金鱼，采集28小时的数据（老师提前在自己家里做的实验）。

　　师：播放实验视频，展示实验数据如下。

实验设备很新颖，学生也很感兴趣。但实验设备没有介绍。

传感器很敏感。

这里老师最好要追问学生，为什么？

该实验是老师提前做好的，并进行录像（微课），效果也不错的。

生：观察溶解氧的变化曲线，分析溶解氧的变化。

生：溶解氧含量在1至4小时迅速下降，后面略有上升。

师：看来4小时后，水中的含氧量就不适合鱼类生存了，那么鱼的死亡看来跟溶解氧含量是有关系的。

你能想到增加水中溶解氧含量的方法吗？

生：讨论、猜想。

生：交流展示讨论和猜想情况——① 换水；② 鼓入空气；③ 增氧剂等。

（1）换水

师：查阅相关资料，发现——夏季换水周期短，冬季换水周期长。为什么夏季和冬季的换水周期不一样？

生：思考并讨论（省略）。

生：交流展示——水中溶解氧含量受温度影响。

生：思考、讨论并设计实验方案——证明水中溶解氧含量受温度影响。

这里应该加大培养学生的读图能力。

提出问题非常好，也很有必要。

有利于培养学生的猜想和分析解决问题的能力。

让学生来设计实验，非常好。

师：引导学生归纳小结——将一杯自来水放在水浴中加热，同时测量水中溶解氧含量的变化。

生：分组实验。

实验仪器：光学溶解氧传感器、水槽、烧杯、铁架台。

生：观察如下实验曲线，归纳出结论——溶解氧含量随温度变化成反比。

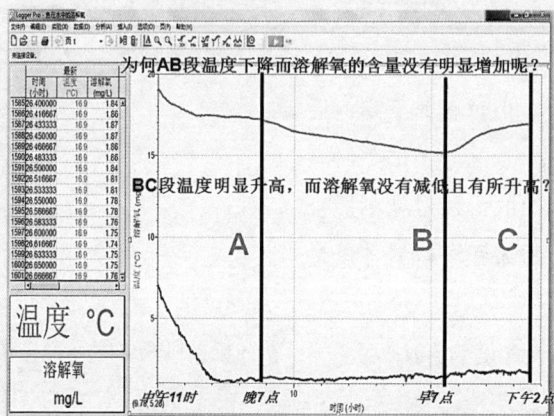

此图表较复杂，要引导学生观察图表，培养学生识图和表的能力。

生：小结——夏季和冬季的换水周期不一样，确实受到温度的影响。

师：曲线再分析——分析 28 小时溶解氧变化的曲线。

生：交流讨论——① AB 段温度下降而溶解氧的含量没有明显增加；② BC 段温度明显升高，而溶解氧没有明显降低，这似乎跟结论不一致。

讨论问题非常有必要。

师：分析总结——受鱼类呼吸作用影响，受空气中氧气含量影响。

（2）鼓入空气

师：经常在菜市场看到卖鱼的商人向水中鼓入空气。那么，鼓入空气真的能增加水中溶解氧的含量吗？

实验：向水槽中鼓入空气，观察溶解氧的变化。

实验仪器：小型鼓风机、光学溶解氧传感器、水槽。

生：观察实验并分析曲线——从曲线中看出溶解氧的含量在持续鼓入空气后缓慢增加。

生：归纳出结论——鼓入空气能够增加水中溶解氧的含量。

师：鼓入空气为什么增加了水中溶解氧的含量呢？

提出问题很有必要。

生：思考、讨论——增大了空气与水的接触面积。

鼓入空气不仅仅是增大了空气与水的接触面积。

（3）增氧剂

师：投影出示增氧剂的图片。

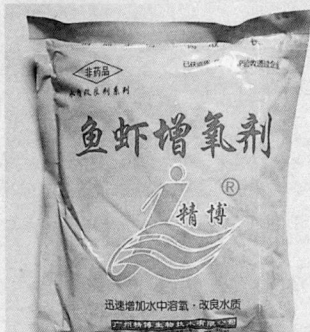

生：小结——在养鱼过程中，通过向鱼缸内放入增氧剂，是增加水中溶解氧的方法之一。

师：在很大的鱼塘中，怎么增加水中溶解氧含量呢？

生：讨论交流——换水、增氧剂、鼓入空气好像都不可行。

师：出示鱼塘养鱼的相关图片如下。

生：总结——很大的鱼塘养殖户们，通过把水向空中扬起的方式，增加水中溶解氧含量。

师：这种方式为什么能增加水中溶解氧含量呢？它与鼓入空气的原理有什么联系？

生：思考交流——都是增大空气与水的接触面积。

师：今天我们学习了怎么更好地增加水中溶解氧的含量，谈谈你的收获。

生：谈收获，总结全课（省略）。

下课！

这里最好追问学生有没有生活体验（看过养鱼塘），培养学生的观察意识。

提出问题非常好。

学生总结非常好。

课后最好能布置一些探究性问题，来让学生做研究。

二

后续研讨

为进一步提升我区化学教师的现代教育技术水平，促进教师的专业发展，提高课堂教学质量。2017 年 12 月 6 日上午，合肥市行知学校朱晓辉老师，在合肥市第三十八中学和平校区数字化实验室，将《科学养鱼》一课又上了一次。这是在不同学校，面对不一样的学生的再一次研讨，取得了预期的目的，效果是很不错的，这次教学观摩研讨活动也是成功的。

从这前后两次课来看，以下几点还是值得肯定的。一是选题好。《科学养鱼》这节课，完全是老师自己设计准备的，教材中并没有这样现成的教学内容，这是对老师的一个挑战，选题贴近学生的生活实际，是非常有意义的。二是实验好。本节课的实验设备和实验设计都是比较好的，有利于学生的积极参与，有利于培养学生的思维能力，有利于学生的可持续发展。三是方法好。在本节课中，学生的实验方法和探究方法也是不错的，能够充分调动学生学习的积极性，培养学生的科学精神和探究能力。四是效果好。这两次上课的教学效果都是不错的，第二次上课要更紧凑一点，也更有效一点。整体来看，反复教研的价值也真正体现了出来，对于老师们的专业成长还是非常有益的。

《科学养鱼》这节课源于教材和课程标准中的素材——"鱼池缺氧现象与增氧方法"。朱晓辉老师的《科学养鱼》准备的时间比较长，经过两次展示和研讨，相对来说，还是比较成熟的。1. 本节课基于初中学生在学习了第 2 单元《空气氧气》和第 9 单元《溶液》之后的拓展，取材于生活实际，学生比较熟悉，容易激发学生的兴趣。2. 学生通过参与活动，能更好地理解生物的呼吸作用的本质。学生在活动中主动发现问题、提出问题，进而利用所学知识，通过讨论、假设，然后设计实验，对问题进行验证，对现象进行分析，得出一定的结论。在活动中，学生的科学素养和基本能力得到了培养和锻炼。3. 本节课的课堂主线还需要打磨，课堂中的各种活动、教师的引导与讲解应该始终围绕主线来展开。纵观这两次课，学生活动多，微课、视频、数据化实验等信息很多，如果不能有机整合、优化组合，课堂就显得有点散。

一堂课下来，课上得热热闹闹，学生可能收获还不大。另外，课堂内容的深度还需要进一步挖掘，可以与酸碱溶液进行整合，从而寻求新的突破点和亮点，这是本节课还需要思考和研究的。

最后，我在点评时特别强调，教育现代化对老师提出更高的要求，教师们一定要加强学习加强应用，让现代化仪器设备真正地用起来、活起来，宁愿用坏，也不要放坏，使其更好地为课堂教学服务，努力提升自身素养，更加有效地开展教学工作。

三

听课感悟

听完这两节课之后，我进行了认真的反思、研究和总结。我特别关注以下几个方面的问题。

1. 器材的功能和原理是否也要介绍一下。学生和老师都是第一次遇到数字化传感器，大家也好奇，对于它的功能和原理是否有必要简要介绍一下，还是值得探究的。否则数据和图像怎么就这么快自动出来了，有一种神秘感，学生虽然没有直接提出来，但不代表他们没有疑问。我们的教学要为学生释疑解惑，要让学生清清楚楚、明明白白。否则，就等于直接给出答案，那么探究也就没有意义了。

2. 老师没有养鱼的经历和经验。从这两节课来看，小朱老师是没有养过鱼的，没有养鱼的经验和体会。他在让学生猜想鱼为什么会死亡时，有学生就谈到是饿死的，老师给予了肯定。养过鱼的人都知道，很多情况下，鱼是喂食过多，胀死的，而不是饿死的。实质上，针对鱼死亡的原因，可以让学生来大胆猜想，也可以让学生来逐一分析，也许学生当中有人养过鱼，有一定的养鱼经验，从而来更好地为教学服务。

3. 实验怎样才能更规范一点。数字化传感器特别敏感，只要有一点干扰和影响，图形波动都很大，几个小组得到的图像都不一样。差别还是比较大的，原因是什么？怎么跟学生解释（虽然学生没有提出疑问），怎么才能有一个合理的交代，都需要我们的老师去加以研究解决，千万不能视而不见，无动于衷。否则，对学生对我们自己都没有任何好处。

4. 探究的过程怎样才能更科学严谨一点。本节课严格来说还不是真正的探究，而是有选择性有针对性的探究。也就是说，要通过控制变量的方式来严格地进行探究活动。例如水的多少问题，温度一样和均匀的问题，杯子的大小问题，甚至传感器放置的位置问题，等等，都要考虑到，都要保持一致。否则就有问题，说服力也就不强。上述所得到的不同图像，可能与这些因素有关。从另一个侧面来看，课题也可能大了一点，所有这些都是非常值得研究和改进的。

5. 从这节课的教学设计来讲。最好要进行二次猜想和二次探究，即首先猜想鱼死亡的原因，然后再猜想水的含氧量与哪些因素有关，最后再加以探究。这样教学的层次性和条理性就会好一些，教学的科学性和效果也会更好。

结尾诗

化学课堂教养鱼，
课题选择有新意。
科学探究溶解氧，
数字实验画图像。
行知学校朱老师，
两次尝试敢担当。
课堂教学挑战在，
严谨清新好风尚。

第十三课　初中音乐

2018 年 1 月 4 日，合肥第一场大雪如约而至，大雪纷飞，寒风凛冽，合肥育英学校一楼多媒体报告厅却暖意融融。为了提高我区音乐教师的课堂教学水平，促进专业发展，瑶海区音乐学科第六期"立足课堂、以美育人"展示研讨活动如期举行。参加本次活动的有全区中小学音乐教师，区音乐教研员许珊老师等，我全程参与他们的研讨。

本次教研活动共有三项内容。第一项是来自合肥市第三十八中学朱海波老师的展示课《彩云追月》。活动第二项是，合肥市裕溪路学校的黄磊老师，开展的微讲座《听课评课，您说我说》。活动第三项，就是老师们对本节展示课进行详细的交流和研讨，我区音乐兼职教研员童绪付老师、合肥市行知学校程龙环老师、张浩然老师，合肥市第五十五中学姚绍芬老师，合肥市瑶海实验小学程慧老师等，对本节课进行了认真评议，在场教师受益匪浅。音乐教研员许珊老师，对朱海波老师的展示课给予充分的肯定和鼓励，并对教学环节进行细致分析，最后提出期望和要求。大家一致认为，瑶海区音乐教师骨干联盟的成员们，会继续努力探索课堂教学新业态，不断提升教学水平，精心钻研，夯实基础，开拓创新，为美好的音乐教育事业而努力奋斗。

下面，重点就来谈一下人民音乐出版社八年级《彩云追月》上册这节课。朱老师用钢琴版视频《彩云追月》开场，分别采用聆听、模唱、对比等教学方法，以音乐审美为教学核心，用音乐元素进行教学渗透，极大地提高了同学们的学习热情，教学效果是非常不错的。

一

教学过程

朱海波老师的《彩云追月》这一课的具体教学过程，如下表所示。

《彩云追月》教学过程

教 学 目 标	简 要 点 评
一、教学目标 　1.情感·态度·价值观 　通过歌曲学习，使学生乐于聆听、感受、体验，了解中国民族民间音乐深厚、丰富的意蕴之美。在多元化音乐的今天，能够更多地去了解和喜爱中国民族民间音乐。 　2.过程与方法 　通过感受、体验、模仿、合作等方法和手段，	教学目标的确立准确、细致而全面，也很有针对性，效果也是不错的。

培养学生对民族民间音乐的感受能力和辨别能力，以及学生之间的合作意识。

3.知识与技能

有感情地演唱歌曲《彩云追月》，培养学生在演唱过程中掌握科学的发声方法。

二、教学重点

学唱歌曲，并能够自然流畅地演唱《彩云追月》的高声部旋律，体会歌曲旋律韵味。在潜移默化中，让学生逐渐地喜欢民族民间音乐，从而继承弘扬我国的民族民间音乐。

三、教学难点

能用正确的声音演唱歌曲的高声部，贯穿歌曲始终的切分节奏的学习，以及休止符在乐句中的情绪表达。

重难点的把握也比较好，恰如其分。

教 学 过 程

一、导入新课

师：同学们好，今天是朱老师第一次来到育英学校，希望能和同学们一起度过一段愉快的音乐时光。下面开始上课，同学们好！

生：全班起立。老师好！

师：请坐。

同学们，你们过生日吹蜡烛是怎么吹的？谁来模仿模仿？

生：模仿吹蜡烛动作。

师：那我们一起来吹一吹：wu wu ｜ wu wu

简洁明快，非常好。

激发兴趣有好处。

| wu - ‖

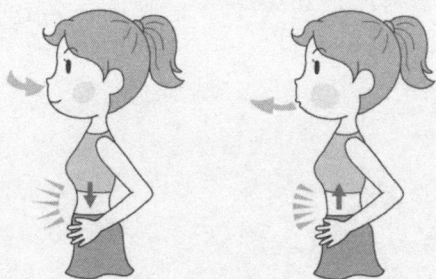

師：我们一起来给轮胎打打气：si　si　| si
si　| si　-‖

生：模仿给轮胎打气的声音。

师：我们把这两种方法连起来一起试一试。

生：随老师一同练习。

师：下面请同学们用"LU"跟着老师钢琴一
起唱一唱。

生：跟琴练习。

二、新歌教学

　1.欣赏歌曲

师：投影大屏幕如下。

通过生活中熟知的方式
（吹蜡烛、轮胎打气）
进行发声练习，科学、
有效。让人意外。

效果不错。

有意境，效果非常好。

197

师：今天老师给同学们带来了一段郎朗、徐子航与机器人演奏的钢琴曲《彩云追月》，让我们先来欣赏一下吧。

生：观看、欣赏。

2. 歌曲教学

师：刚刚我们欣赏的是《彩云追月》钢琴版，今天我们一起来学习《彩云追月》的歌曲——齐唱、合唱版。下面让我们一起来听一听，边欣赏边思考歌曲的情绪、速度、节奏都有哪些特点？

生：听。

师：听完了歌曲，请同学们观看大屏幕如下，并按照提示选出你的答案。

> 这首乐曲的情绪、节奏、速度有哪些特点？请选择相应的"彩云追月"。
>
> · 情绪：抒情　　· 情绪：活泼
> · 速度：慢速　　· 速度：稍快
> · 节奏：平稳　　· 节奏：自由

生：情绪是抒情；速度是慢速；节奏是平稳。

师：同学们说得很好。下面请大家观看歌谱如下，再听一遍歌曲。从歌谱中看到了哪些歌曲相关的信息？感受歌曲怎样的意境？

效果很好，有震撼力。

这个问题相对简单了一点。应该学生先回答，再出示。

这个问题比较好，很有针对性。

彩云追月

生：词曲作者是任光、刘麟，歌曲是 D 宫调、4/4 拍、二段体等。

师：老师将歌曲词曲作者、歌曲背景知识打在大屏幕上。下面，请一位同学朗读一下，老师弹奏钢琴为你伴奏。

生：学生朗读歌曲相关知识（省略）。

师：哪位同学来说一说你的感受？歌曲带给你怎样的意境？

生：回答（省略）

师：一弯新月高高挂在墨蓝色的天空，清澈如水的光辉普照着大地，明月当空、月光如水，云彩悠悠、忽进忽退！这么好听的歌曲，老师也想来唱一唱。

老师范唱歌曲第一声部。

生：掌声。

师：谢谢同学们的掌声。下面，让我们用"lu"慢速的、完整模唱歌曲《彩云追月》的高声

介绍作品相关背景的环节采用了教师现场弹钢琴、学生配乐朗诵，形式新颖，现场参与感很好。

199

部旋律。

生：随老师钢琴伴奏，学唱歌曲。

老师钢琴弹得还不错。

师：刚刚我们模唱了歌曲的第一声部。在演唱中，同学们有没有发现哪一句遇到困难？

生："天地都在倾听"、"闪闪烁烁"。

师：刚才同学们说到的这两句一个是切分节奏，一个是休止符。下面，我们一起跟琴来唱一唱。

生：跟琴逐句反复练习。

师：下面我们回原速完整模唱歌曲《彩云追月》的高声部旋律。

生：随老师钢琴伴奏回原速演唱。

师：这么美的旋律，歌词也一样很美。下面，请同学们按照节奏朗诵歌词，注意朗诵时跟着老师的指挥手势。

用到指挥非常好，一定要敢于展示指挥的魅力。

生：在老师的指挥下，有节奏朗诵。

师：在朗诵过程中，同学们争取做到声情并茂，字正腔圆。随着老师的指挥再来读一读。

生：再次朗读歌词。

师：通过朗读歌词，你体会到了作者怎样的心情？

生：回答（省略）。

师：歌词表达了作者思念远在我国台湾地区的亲人，盼望国家早日统一的迫切心情。

进行爱国主义教育，非常有必要，效果不错。

下面请同学们随琴慢速、完整地演唱歌曲。

生：随老师钢琴伴奏演唱。

师：歌曲中有没有什么节奏让你印象深刻？

生："讲一个夏天，神秘的梦"。

师：这个节奏就是我们刚才练习的切分节奏。下面，请同学们身体坐正，保持演唱正确姿势，再来把歌曲唱一唱。

生：跟老师钢琴伴奏，原速演唱。

师：下面让我们跟伴奏完整演唱歌曲《彩云追月》的高声部旋律。

生：随歌曲伴奏演唱全曲。

三、拓展升华

师：今天我们欣赏了钢琴人机演奏的《彩云追月》，学唱了齐唱、合唱版本的《彩云追月》。下面，老师还带来了民乐合奏版本《彩云追月》的视频，让我们一起来欣赏。

生：欣赏视频（省略）。

师：看完了这段视频，大家有什么感受吗？

生：回答（省略）。

师：我国的民族民间音乐历史悠久，遗产丰富，希望同学们在今后学习音乐的过程中，更多地去了解我国的民族民间音乐，并将其发扬光大！

师：今天老师还带来了一些打击乐器，如下图所示。请大家为歌曲伴奏。（老师分发乐器，并讲解演奏节奏和方式）

（1）三角铁：节奏练习 X—— —

（2）碰铃：节奏练习 X—X—

（3）沙锤：节奏练习 XX　XX　XX　XX

（4）"会歌唱的玻璃杯"，手指沾水磨玻璃杯发出固定音高，并贯穿歌曲始终。

师：请拿到三角铁、碰铃、沙锤的同学，按照大屏幕的节奏为歌曲伴奏，拿到"会歌唱的玻璃杯"的同学用食指沾上杯子里的水，沿着杯口摩擦，就会发出固定音高。同学们拿到的杯子，老师提前定好音了，每个杯子都有它固定的音高。

师：好。下面请拿到乐器的同学们，为歌曲伴奏，其他同学跟伴奏演唱歌曲。所有同学注意看老师的指挥，我们一起完整地表现歌曲吧。

生：部分学生演奏打击乐器，部分演唱歌曲。

四、小结全课

师：同学们的演唱和演奏都很精彩。今天我们学唱和欣赏了几首风格不同的《彩云追月》，让我们领略了中国民族音乐的魅力。希望同学们以后更多了解和喜爱我国的民族音乐，让我们的民族音乐发扬光大，在世界的舞台上绽放光彩。

下课！

总结得比较好。

二

整体分析

回来之后，我也和我区音乐教研员许珊老师，进行了认真交流和研讨，也请教了不少问题。她也认为：本课是基于合唱指挥常规排练下的一堂初中音乐唱歌课。朱老师是合唱指挥专业的优秀专职教师。纵观本节课，因为学唱歌曲是重点，从导入新课到结束全课，学生通过听录音哼唱、钢琴教唱、教师示范教唱、跟范唱学唱等多种学习方式的训练，落脚点主要是把握歌曲的声音音色和情绪处理上。朱老师能够把握唱歌课的重点，以合唱排练对声音的要求来进行教学，是值得称赞的。本节课如果用两句话概况就是——即兴伴奏助力音乐课堂，合唱指挥推动歌曲教学。

从执教教师的角度来看，教师希望通过这一节唱歌课，把歌曲的不同版本展示给学生。通过聆听音乐、观看视频、配乐朗诵等形式来感受音乐的美，并学会辨别不同的表现形式，所带来的不同效果。通过用贴近学生生活的、有趣味性的声音训练，让学生感受正确的歌唱气息和声音要求，以便对学生日后的唱歌产生积极影响。通过教师的合唱指挥手势，让学生掌握难点乐句的正确节奏，以及乐句的强弱处理和感情表达。通过打击乐器和高脚杯加水摩擦发声为歌曲伴奏，让学生参与到表现歌曲的环节中来，激发学生的参与热情，引导学生关注生活中的音乐。

从学生的角度来看，整节课比较轻松愉悦，学唱的歌曲难度不大，还能欣赏到不同版本的音乐，并了解一些以往关注较少的民族音乐。此乐曲很美，民族音乐也博大精深。另外，还现场看到高脚杯加水，通过摩擦边缘，可以发出不同音高的表演，激发了学生的学习兴趣，让人印象深刻。

从听课教师的角度来看，这节课展示出了执教教师较高的专业基本功，特别是专业合唱指挥手势对教唱歌曲的积极作用，以及对歌曲音乐要素的深度挖掘，值得学习。整节课的设计有几处亮点，如开场的导入和声音训练密切联系生活，亲切自然，充满趣味；介绍作者，居然也可以设计成教师弹钢琴学生配乐朗诵，形式新颖，现场参与感很好；打击乐器和高脚杯加水发出和声为歌曲伴奏，让学生感到新奇，让听课教师感到惊喜。音乐课就应该让学生知道，生活中处处有音乐，只要你热爱并善于观察。

从课堂的教学效果来说，学生虽然在不知不觉中多次聆听并学唱了歌曲，也欣赏了其他版本的乐曲，感受了音乐的美。但是，最终只达到了"基本唱会"歌曲的层面，还需要向"会唱"歌曲和"唱好"歌曲的层面努力。其实凭借教师的专业基本功，一节课的时间，完全可以让学生唱得更好，至少做到背唱第一声部歌曲，甚至是二声部的合唱。但这样无疑需要删除一些延伸内容和拓展环节，那对学生全面感受音乐就不利，对课堂的趣味性也会产生一定的影响，的确是一对矛盾。但不管怎么说，整节课的教学效果，即完整地有感情地演唱歌曲的教学目标，还是需要进一步达成的，学生演唱的整体效果还不是很理想。

其原因有以下几点：

1. 学生对歌曲的熟悉程度依然不够。《彩云追月》这首作品旋律优美动听，歌词意境恬静深远，具有很强的歌唱性。对于此类歌曲教师虽采用了多种教学方法，多听、多随音乐哼唱，这都是学生快速掌握并熟悉歌曲的基本前提。在完成此项教学任务之后，再着重处理歌曲的音色、情绪等，教学效果可能会更好一些。

2. 教唱层次未能递进明确，学唱力度不够。朱老师虽然有多次教唱，每一次都有讲解示范，可是学生未能快速领会且记住。在学唱中，反馈纠错不能深入，造成了上一遍和下一遍演唱效果的提升不明显。这也是歌曲学唱的难点，既考验教师的教学智慧，也考验着学生的学习接纳程度，关系到整节课的成败。为此，老师在备课中一定要做进一步的预设，结合歌曲教学，不妨可以进行以下设计尝试。

序号	教学方法	教学内容	设计意图
1	听唱法	旋律、歌词	熟悉歌曲旋律和内容，铺垫歌曲处理
2	讲授、讨论	歌曲背景音乐要素探讨	了解歌曲背景，把握歌曲要素，指导学唱
3	教师范唱	复听，讨论如何更加准确地演唱歌曲	教师声情并茂感染学生，验证要素
4	钢琴教唱	歌曲重点乐句，难点处理	分组或集体对比学习重点乐句，解决难点，处理声音和情绪
5	听唱法	随录音学唱全曲	检验、纠错、巩固
6	师生合伴奏	完整表现歌曲	师生点评

三

听课感悟

对该节课，我给予积极的鼓励和肯定，也谈了一点个人感受。首先，我充分肯定了举办此次活动的重要性。强调听评课是一种最直接、最具体，也是最有效的研究和提高课堂教学质量的方法、手段，听评课是教师互相学习、切磋教艺、研究教学的重要措施。其次，我还谈到身为教师，不仅要上好课，更要多听课、多评课。在听评课的过程中，可以反思自己的教学，不断地学习他人的长处，从而提升自己的专业水平和教学素养，这在大力倡导开展校本教学研究的今天，就显得尤为重要，不可或缺。最后，我对本节展示课既给予了肯定，也实事求是地提出了一些可实施性的建议。明确教学的目标和效果，就是要看学生在一堂课

中，究竟学到了什么，没有什么高大上的东西，任何学科的课堂教学，都要追寻这样的目标。

另外，我作为一个五音不全、不懂音乐的听课老师，对这节课也谈了一些细节问题，也是心里话。一是本节课难度并不大，也不复杂，为什么学生兴奋不起来，积极性不高，好像没有被激发一样，这可能与老师激情不够，不够自信等因素有关。二是对于作品的创作背景，以及所用乐器，还有乐曲的特点——富有民族色彩的五声性旋律，是不是也应该简要介绍一下，这样不仅能激发学生的学习兴趣，也能拓展他们的视野。三是这节课老师采用各种形式来组织教学，有吹、哼、看、听、读、唱、做（敲、打、摩）共7种方式，形式多样，也丰富多彩，但怎样发挥更好的作用也值得推敲，特别是学生都唱了14遍，走出教室还不一定人人都会唱，这是值得关注和研究的，否则再好的形式，又有什么作用呢？

结尾诗

新年伊始大雪下，
音乐教研在育英。
小朱生日来上课，
精彩纷呈感动人。
彩云追月真好听，
形式多样有味道。
审美教育不可缺，
人人会唱是目标。

第十四课 大师引领

　　2017年9月25日至26日，由明师国际教育研究院主办，安徽省教育学会中小学外语教学专业委员会协办的"2017年明师《基于学生视角的阅读文本深度解读研究》的研训会"，在合肥市行知学校隆重举行。本次活动就是为了指导广大教师，要立足文本解读，优化教学设计，全面落实核心素养。

　　此次研训活动，云集了教育专家、学者、教研员以及优秀的中小学一线教师近千人。通过专题讲座、精彩课例展示、评课辩课等方式，来进一步探讨英语的文本解读与课堂教学策略的问题。开幕式之后，鲁子问教授就现场展示了"Try harder or try smarter?"这一课的教学，取得了很好的效果，具有很强的示范性和针对性，也引领着英语阅读教学的改革和发展方向。课堂教学结束后，鲁教授还作了《庖丁解牛与囫囵吞枣——中学英语文本解读建议》的主旨报告。两天的活动，取得了圆满成功，这样高规格、大规模的学科教研活动，必将载入瑶海教育的史册，意义深远。

　　鲁子问教授，博士生导

师，教育部《英语课程标准》专家组成员，教育部首批国培专家。曾任华中师范大学教授，现为兴义民族师范学院教授，中国民族师范教育研究中心主任，明师国际教育研究院院长。

下面，主要针对鲁子问教授这次的课堂教学情况，作一简要介绍和分析。

一

教学内容

鲁子问教授所选取的教材内容如下表所示。从鲁教授自行选择的这一教材内容来看，原本是一篇高二的课文，比现行九年级教材内容的难度要大得多，也复杂得多，对学生的要求也就比较高。所以教学起来还是很不容易的，特别是对借班上课来说，对这样大型的公开课来讲，其魄力和胆识令人敬佩。

中英文教学内容对照

英文教学内容	中文教学内容
Now I'm sitting in a quiet room at a very good hotel. It is a peaceful little place hidden among the trees. It's just past noon, late July, and I'm listening to some life-or-death crying a few feet away.	现在我正坐在一个非常好的酒店的一个安静的房间里，这是一个隐藏在树林中的宁静的小地方。那是 7 月下旬的一个正午，我听几英尺外的生死攸关的喊叫声。
There's a small fly which is making the last effort of its short life in a fruitless trying to fly through the glass of the	有一只小苍蝇在它短暂的生命中做徒劳无用的尝试，想尽力穿过玻璃飞到窗外。苍蝇跳动的翅膀告

window. The beating wings tell the moving story of the fly's plan: Try harder and harder. But it's not working.

The effort offers no hope for the fly. In fact, the hard work is part of the failure. It is impossible for the fly to try hard enough to succeed in breaking through the glass. But this little fly has bet its life on reaching its goal through this effort. It will die there on the window.

Across the room, ten steps away, the door is open. It takes only ten seconds for the fly to reach the outside world and be free. It would be so easy if the fly tried to move to that direction.

Why doesn't the fly try a different way? How did it get to the idea of keeping this way?

There is no doubt that it is important for the fly to keep trying hard. But this idea will kill the fly too. Trying harder isn't necessarily the way of getting more. It may not give any real hope for getting what you want. Sometimes, in fact, it's a big part of the problem.

If you only try harder, you may kill

诉着我们：再努力也是没有用的。

这种努力对苍蝇来说没有任何希望。事实上，努力的工作已经成为失败的一部分了。苍蝇不可能成功地穿过玻璃飞到窗外。但是这只苍蝇如果非要穿过这层玻璃飞到窗外，那结果只有死路一条。

在房间的不远处，门是开着的，苍蝇只要飞几秒钟就能从门那里到达外面的世界，获得自由。对苍蝇来说，飞到门那里轻而易举。

为什么苍蝇不尝试另外一种方式？它是怎么打定主意要从玻璃穿过去的？

毫无疑问，苍蝇要保持努力非常重要，但是这种努力也会让苍蝇丢了性命。努力一点不是获得更多的必要方式。它甚至可能不会给你任何想要的东西。事实上，有时候这是问题的主要原因。

如果你只是更加努力，你可能

| your chances for success. You need to find a smarter way of trying harder. That is trying harder by trying smarter. | 会失去成功的机会。你需要找到一个更聪明的方式来努力尝试，那就是用更聪明方式去更努力地尝试。 |

该教材内容融哲理性、趣味性、知识性和科学性于一体，传递的是正能量，能开拓学生的眼界，拓展学生的思维，丰富学生的想象，有利于学生英语能力的培养，有利于学生的可持续发展，所以，对学生有一定的教育意义。

当然，文本中的语言描述风格和思维方式，不是按照中文的习惯来进行的，还有点拖沓、琐碎的感觉，不够简洁明快。无形之中也就增大了学生阅读的难度，那么老师教学起来的难度，也就可想而知了。

二

教学过程

以下教学过程是根据现场听课记录回忆整理而成，如有疏漏之处，敬请鲁教授谅解，也仅供读者参考。

中英文教学过程对照

英文教学过程	中文教学过程
Teacher: How do you learn English? Student 1: I learn English by watching video.	师：你是怎么学习英语的? 生：我通过看视频学习英语。

Teacher: Is it smarter?

Students: No.

Teacher: Wang Yuan did it! Let's watch a video.

http://language.chinadaily.com.cn/2017-02/04/content_28103287.htm

Teacher: Can you do as Wang Yuan?

Students: No.

Teacher: Wang Yuan can do it. You can do it too. Think and answer.

——Qianxi wants to speak English as well as Wang Yuan. He plans to try harder to learn English. What's your advice to Qianxi?

Student 1: Listen to the English radio.

Teacher: Any other ideas?

Student 2: Recite more words.

Student 3: Ask Wang Yuan to help him.

Teacher: As a team, what should Wang Yuan do to help him?

Student 4: Wang Yuan can lead him to read English.

Teacher: Maybe you are right. I'll give a text to help you. We will read a

师：你觉得这是一种聪明的方式吗？

生：不是。

师：王源做到了！让我们一起来看这个视频。

http://language.chinadaily.com.cn/ 2017-02/04/content_28103287.htm

师：你能像王源做的一样吗？

生：不能。

师：王源能做到的，你就也能做到。思考并回答下列问题。

——千玺也想像王源一样把英语说好。他正计划要更努力地学习英语。你能给他一些建议吗？

生 1：听英语广播。

师：还有其他建议吗？
生 2：背更多单词。
生 3：让王源帮助他。

师：作为一个组合，王源应该怎么做才能帮助他？
生 4：王源可以带他一起阅读。

师：或许你是对的，我将给你一篇文章来帮助你。我们来阅读一

story about a fly of trying harder. What is a fly? Where do you often see a fly? (Show a picture of a fly.)

Students: It's an animal.

Teacher: Do you often see a fly on a window?

Students: Yes.

Teacher: Why?

Student: Because it can see the light.

Teacher: Good! Read the passage quickly and then find the author's idea.

——What is the author's idea, trying harder or trying smarter?

Students: Trying harder by trying smarter.

Teacher: Read Para 1,2 and answer.

——What did the author hear at the beginning of the story?

——What is the plan of the fly? Is it working?

——Should the fly try hard? Why or why not? When can you stop trying harder?

Teacher: Can you answer these questions? What did the author hear at

段关于苍蝇的小故事，叫做用更聪明方式去更努力地尝试。苍蝇是什么？你们经常在哪里见到苍蝇？（展示一只苍蝇的图片）

生：它是一个小动物。

师：你经常在窗户边上看到苍蝇吗？

生：是的

师：为什么？

生：因为那里可以看见光。

师：很好！请快速地阅读这篇短文然后找出作者的想法。

——作者的想法是什么，是要更努力一点还是更聪明一点？

生：用更聪明方式去努力地尝试。

师：阅读第1段和第2段然后回答。

——在故事的开始作者听到了什么？

——苍蝇想干什么？有用吗？

——苍蝇需要更努力点吗？为什么需要或者为什么不要？你是什么时候可以停止努力尝试的？

师：你能回答这些问题吗？在故事的开始作者听到了什么？

the beginning of the story?

Students: He heard some life-or-death crying a few feet away. It was a small fly. (Teacher explains the expression — life-or-death try with the samples Qiu Shaoyun and a robber.)

Teacher: What is the plan of the fly? Is it working?

Students: The fly's plan is: Try harder and harder. But it's not working.

Teacher: Should the fly try hard? Why or why not?

Students: Yes, it should, or it will die (it is a life-or-death try for the fly).

Teacher: When can you stop trying harder?

Students: When it isn't a life-or-death try and we can try another way, we can stop trying harder.

Teacher: Read Para 3, 4 and answer.

——What does the sentence "The hard work is part of the failure." tell us?

——Why will the fly die there on the window?

——How could the fly try smarter?

Teacher: Can you answer these questions?

生：他听到几英尺外的生死攸关的喊叫声。那是一只非常小的苍蝇发出的。（在这里老师用邱少云和一个抢劫犯的例子解释词组 life-or-death try 的意思。）

师：苍蝇想干什么？有用吗？

生：苍蝇的计划是：使劲地飞呀飞。但是没用。

师：苍蝇需要更努力点吗？为什么需要或者为什么不要？

生：是的，它应该，否则的话就会死掉（这是一种生死攸关的尝试）。

师：什么时候你可以停止更努力地尝试呢？

生：当不是生死攸关并且我们可以尝试另外一种方式的时候我们应该停止尝试了。

师：阅读第3、4段然后回答。

——"努力工作其实是失败的一部分"告诉我们什么？

——为什么苍蝇会死在窗户那里？

——苍蝇怎么才能更聪明地尝试？

师：你能回答这些问题吗？

——What does the sentence "The hard work is part of the failure." tell us?

Students: Sometimes hard work makes us fail. If we just try hard but don't know how, when, where to try hard, we may fail.

Teacher: Why will the fly die there on the window?

Students: Because it is impossible for the fly to succeed in breaking through the glass.

Teacher: How could the fly try smarter?

Students: Move to another direction and then fly ten steps away.

Teacher: Read Para 5, 6, 7 and answer.

——Why did the fly not find the way out?

——What is a big part of the problem?

——What do we need for trying harder?

Teacher: Can you answer these questions?

—— "努力工作其实是失败的一部分" 告诉我们什么?

生：有时候努力工作使我们失败了。如果我们仅仅是努力地尝试，但是不知道怎样去努力地尝试以及在何时何地去努力地尝试时，我们都可能失败。

师：为什么苍蝇会死在窗户那里?

生：因为想要穿过玻璃飞到外面是不可能的。

师：苍蝇怎么才能更聪明地尝试?

生：朝十步远的另外一个方向飞。

师：阅读第5、6、7段然后回答。

——为什么苍蝇没有找到另外的路径?

——这个问题的大部分原因是什么?

——在努力尝试的时候我们需要做什么?

师：你能回答这些问题吗?

——Why did the fly not find the way out?

Students: It did not try smarter.

Teacher: What is a big part of the problem?

Students: Trying harder.

Teacher: What do we need for trying harder?

Students: We need to find a smarter way of trying harder.

Teacher: Now let's return to the task.

——Qianxi wants to speak English as well as Wang Yuan. He plans to try harder to learn English. Please think about these questions:

Question 1: Is it a life-or-death try for Qianxi? Can he try another way?

Students: No. He should try another way.

Teacher: What's your advice to Qianxi?

Students: First think, then try harder.

Teacher: What should you think?

Students: How, when and what.

——为什么苍蝇没有找到另外的路径?

生: 它没有用更聪明的方式。

师: 这个问题的大部分原因是什么?

生: 试着更努力。

师: 在努力尝试的时候我们需要做什么?

生: 我们需要找到一个更聪明的方式来努力尝试。

师: 现在让我们回过头来看。

——千玺想要像王源一样流利地说英语。他计划着更加努力地学习。请思考这些问题:

问题1: 对千玺来说这是一种很生死攸关的方式吗? 他能试着采用另外的方式?

生: 不, 他应该试着采用另外的方式。

师: 你给千玺的建议是什么?

生: 首先要思考, 然后再努力。

师: 你需要思考哪些问题?

生: 怎么做, 什么时间做以及做什么。

Teacher: In your whole life, first think: Do I really need to try harder to do this/for this? Or is it a life-or-death try? Can I try another way? Then, try harder.

师：在你的整个一生中需要努力时，首先要思考：我真的需要更加努力地去做这件事吗？或者说这是一个生死攸关的尝试吗？我能换另外一种方式吗？然后我们再更加努力地尝试。

（合肥市行知学校刘佩亮整理）

三

整体评价

鲁教授在面对一群可爱的初中学生时，充分彰显了大师风范。他那可敬大气的教风、潇洒自如的教态、掷地有声的话语、亲切有效的互动，激情飞扬，声情并茂，情趣盎然，就像一个老顽童一样，让人荡气回肠，刻骨铭心。所有这一切，也都让在场的近千名听课老师为之感动和震撼。

本节课注重激发学生的学习兴趣，着力培养学生的核心素养和核心价值观，不是单纯地为了教知识而教知识。鲁教授的课堂真实自然，他不是高高在上的，也不咄咄逼人。课堂上只有朋友间的互助，亲人间的关心。在这种氛围下来学习没有被动，没有疲劳，更多的是润物细无声。大量的语言输入，让学生用英语去思考问题，学生听得就很认真、投入。鲁教授能够因材施教，灵活地驾驭课堂，问题设置非常用心和独到。教学过程中问题的层层递进，不断引领学生思考文本背后的深层次含义，感悟核心素养非常到位。通过师生间的积极互动，能够让学生深刻领悟人生的道理，课堂处处充满着人文关怀，教与学很自然地融为一体。这是英语阅读教学的最高境界了，教学效果非常好。

通过生动、实在而有趣的课堂教学，能够让学生深入浅出地理解这篇课文的精髓——You need to find a smarter way of trying harder, that is, trying harder by trying smarter，让人印象深刻。所以，这是一节立意非常高远的精彩课堂，不愧为教学大师。

当然，这节课也有值得关注的问题。首先，就是学生还不是很兴奋，比较沉闷，好像没有被感染一样，多数时候都是老师的自问自答，这可能与初三学生等因素有关。其次，课堂上还有重男轻女的现象，就是女同学回答问题的次数太少，只有 6 人次，而男同学就达 13 人次之多。其中一名男同学最多回答了 4 次问题，最后一个高个子男同学一共站起来 3 次，特别显眼。另外，是否可以渗透一些相应的科学知识，如苍蝇的趋光性和寿命等，来帮助学生理解文本，也值得研究和尝试。但不管怎样说，毫无疑问这是一节成功的课堂教学，这是一次成功的教学展示，这是一次高水平的教研活动，让我们的听课老师受益匪浅。

四

教材分析

本文选自高二的阅读课文。原文对学生有一定难度，经鲁子问教授大幅度改写后，给初三学生使用，效果还是不错的。

"Try harder or try smarter" 一课语言简洁清晰，结构精致，用词独到。语篇趣味性强、富含哲理，集知识性和教育性于一体，向学生传递的是满满的正能量。通过阅读能让学生认识和理解客观世界，拓展思维，丰富想象，有利于学生英语能力的培养和提高，有利于学生的未来发展，对学生有很强的感染力和启发性。

当然，教材中的语言描述风格和思维方式与学生习惯的中国式思维有较大差别，这就给学生造成了理解上的难度。此篇课文看似不难理解，但容易被忽略的却是一个基本前提：Do I really need to try harder to do this/for this? Can I try another way? 明确这一问题，本身就是 Try Smarter 的一种形式，而这也是锻炼学生思维品质的重要组成部分。

五

学情分析

一方面，经过近 3 年的语言输入和积累，初三学生具有一定量的词汇储备，也掌握了常用的句型结构和语法知识，有能力对文本中出现的语言现象进行识别和理解。他们也拥有一定的语言运用能力和学习策略的使用能力。同时，随着年龄的增长，他们的知识储备也在不断扩充。对拥有一定的自主学习能力和思维能力的初三学生来说，阅读文本对于他们不仅仅是需要提取信息、获取知识，更重要的是他们能否从阅读过程中锻炼自己的逻辑思维能力，提高解决问题的能力和水平。另一方面，由于初三学生面临中考，拥有相对较重的学业压力，虽然他们对于知识的掌握以及能力素养提升的渴望相当高，但对于举手发言和当众交流展示的兴趣，明显不如低年级学生强，显得积极性不够，热情不高。因此，课堂氛围就显得沉闷一些。

六

听课感悟

鲁子问教授的阅读新课堂 "Try harder or try smarter?" 以王源在联合国发言视频开始，易烊千玺在英语学习方面要追赶王源，通过设置有层次、有梯度的问题链将课堂教学有效地串连起来。鲁教授在课堂上利用高质量的提问以及不断追问，启迪了学生的思维，向大家展示了什么才是对文本的深度解读。这节课是庖丁解牛式解读与囫囵吞枣式解读的完美结合，也是第三种课文教学性解读方法。这节课从深度解读文本方面，以及如何以问题链牵引思维发展的方面来进行教学设计，并且做了很好的示范。通过这节课的观摩和学习，我们深切感受到深度文本解读的重要性。要想成为以育人为本的教师，实现立德树人的教育目标，教师必须挖掘文本的育人价值所在。以庖丁解牛的方式层层推进，深入思考，才能真正达成育人目标。同时，也认识到要想促进学生的思维发展，最好的手段就是要通过一个问题链来不断引导、体验和感悟。

其次，通过鲁教授的展示课，我们也看到了教学大师在一节课上，是如何关注和落实英语学科核心素养的培养和深化的。我们在英语课堂上不仅仅要关注语言能力的培养，更要关注的是文化品格和思维品质的塑造以及对学生自主学习能力的培养。

另外，老师们还可以引导学生课外去阅读一些关于动物类的科技书籍，拓宽视野，丰富自己的阅读积累，并从中感悟人生的哲理，努力养成行为自觉，实现人生价值。

结尾诗

英语文本深解读，
人生哲理悟其中。
掷地有声鲁教授，
激情飞扬老顽童。
聪明方式来努力，
一丝不苟把课上。
大师展示真课堂，
引领发展不平凡。

第十五课　高中语文

　　2017年11月24日至27日，第九届名家人文教育高端论坛暨名师课堂研讨会（中学）在山东济南隆重召开。人文教育是中华民族文化的本根，也是世界人类谋求幸福人生希望之所寄。为了从理论与实践两个层面对人文教育进行探讨与研究，陶继新老师创立了此项活动，影响越来越大，这可以说是全国范围内中小学语文学科教学研讨水平最高的交流展示舞台。我区已连续好几届选派老师去观摩学习了，另外还有两位老师，在这个舞台上进行现场课展示。每次学习回来，老师们都受益匪浅，感触颇深。

　　今年活动所确立的主题是——"名家讲学论人文教育之道、名师授课展精湛教学艺术"。会议特邀在人文教育方面卓有建树的教育名家开坛讲学、全国教学名师执教现场公开课。参加此次活动的有来自全国各地1 000多位教师。本来我也是准备去观摩的，因为他们小学的活动我参加过，也了解一些情况，所以一直就想听一听中学的课。但因为有事实在走不开，很遗憾没有成行。但我们还是选派了40多位中学语文老师和部分校长去观摩学习，老师们大开眼界，收获很大。

　　之后，会务组还给我专门寄来了上课的光盘。拿到光盘我非常高兴，也很感激陶老师的厚爱。我在第一时间就把三节高中语文课看了一下，分别是黄玉峰老师的《前后〈赤壁赋〉》、王岱老师的《项链》和唐江澎老师的《白发的期盼》。因为平时听高中课要少一些，所以对高中课就非常感兴趣。下面，主要来介绍一下唐江澎老师《白发的期盼》这一课。这节高一语文课也是这次活动的压轴大戏，我反复将录像看了六七遍，有的环节还重复观看多次，深受启发和教育，也学到了很多东西。

一

课堂实录

从这节录像课来看，唐江澎老师《白发的期盼》教学情况，具体如下表所示。

《白发的期盼》课堂实录

教　学　过　程	简　要　点　评
师：上课。 生：老师好！ 师：同学们好！请坐。在以往的学习经历当中，我们曾经用眼睛阅读文本，获取信息，概括内容，鉴赏作品。今天我们尝试用耳朵来倾听声音文本，获取声音文本中所传递的信息，概括声音文本的内容，也鉴赏声音文本独特的表现魅力。如果说用眼睛看能做到这些，那就叫做"目明"。但是我们今天要用耳朵听，也能完成这些任务，那叫"耳聪"。耳聪目明，是谓聪明。好，开始听录音。 （播放录音，同时 ppt 出示以下内容） 听录音，然后回答 　　从人物身份、家庭状况、日常生活三个方面简要概括采访对象的相关情况。	开门见山，掷地有声，直奔主题，非常好。

独白：我认识这样一位老人，她叫吴咏慧，是北京大学的退休教师。一个星期天的早晨，我去拜访了她。

记者：吴老师，您好。哎哟，这么多花呀！

吴老师：没好的，都是不费事的。

独白：吴老师的老伴已经去世了，两个女儿都在美国工作。她一个人住在80平米的大房子里，她说退了休没事，每天都到学校去做实验。

记者：你们在实验室，是每天都去做实验？

吴老师：那当然了，不能闲着，在家没事啊！没事了，那就早晨爬山，中午睡觉，晚上看电视，好像也没劲是吧？那还不如去做实验，等于自己玩一玩。

记者：那有报酬吗？

吴老师：可怜得很，一月最多400块钱，有的人还不拿。

记者：比方说，您要是生病了的话，会告诉在美国的孩子吗？

吴老师：没有大病，我绝不会告诉孩子，告诉她有什么用啊？这会比较实际的嘛。

记者：那个，孩子您想不想呀？

吴老师：这就认了，你像现在父母不就这样嘛！她们给我寄钱，支票我都给撕了，我不需要。她们的事业什么都好，我就都满意了。这是真的良心话，我的原则是不拖累她们，那就行了呗。

记者：那她们俩回来过几次啊？

这第一段录音时长是2分40秒。

222

吴老师：每人一次。

独白：两个女儿一个出国9年，一个出国5年，她们只分别回来过一次。这期间，吴老师和女儿们的联系方式和通信业的发展同步，从写信、打长途电话到发电子邮件，现在是坐在电脑前，通过IP电话直接交流。

吴老师：（拨打电话的声音）唉，又没人接，怎么今天都没在家。

独白：很不巧，那个周末，两个女儿都不在家。直到我快离开的时候，吴老师仍在轮番地拨着两个女儿的电话。

（学生听录音的过程中，教师来回巡视，注意观察学生在听录音过程中的表现，如是否记笔记等）

师：好。在听录音的时候，屏幕上已经展示了我们的要求。现在请同学们稍加整理，回答问题。

问题非常明确。

（学生整理，准备回答）

生1：从刚才录音我可以知道，这个老奶奶是一个北大的退休教师，老伴已经去世，女儿们在美国工作，她现在住在一个80平的房子。嗯，她如果生病的话，不是大病一般不会告诉她的两个女儿。她在实验室工作时，报酬最多为400元一个月。嗯，但是她的两个女儿一个是9年，一个是5年，她们却只回来过一次。她与两个女儿通话是从写信到长途，再到通短信，再到IP电话直接交流。我说的可能不太对，所以谢谢老师！

学生很有礼貌。

师：好，请坐。下面我请二组三排 1 号同学，对你的答案进行评价。话筒。对她的答案进行评价。

生 2：刚才她说的我觉得还是挺详细的。但是我想补充一下，就是这个是一个采访，她采访的是一位老人，这个老人还说了她早上爬山，晚上看电视这样一个日常生活。然后，还有她的孩子居住在美国。这点刚才这名同学也说到了，暂时就这样。

师：请坐。还有没有哪位同学想对她们两个的回答进行评价？有没有？没有的话，我就请一名同学再来进行评价。三组四排 2 号同学。

让同学之间互相评价非常好，也引导学生要会倾听。

生 3：这两名同学说的基本上概括到了。但是，她们没有把那个说出来。比如说，应该说"我认为"是人物身份，她是一个退休教师，家庭状况就是她的老伴去世了，两个孩子去了美国，还有日常生活，早上爬山，晚上看电视，还有日常去实验室帮忙，应该是这样有条理的回答。

师：非常好，请坐。我来做一个点评。刚才的三名同学，首先我们要明确是在回答什么问题。第一名同学回答的是屏幕上所展示的问题。要求从人物身份、家庭状况、日常生活来回答。大家把这个再读一遍，好不好？齐读，开始。

老师很善于发现学生所存在的问题。

生：（齐读）从人物身份、家庭状况、日常生活三个方面简要概括采访对象的相关情况。

齐读好，提醒学生要关注的问题。

师：现在就拿这个来评价第一名同学的回答，

这是我给第二名同学的任务。大家觉得她说的怎么样？是从三个方面来回答的吗？没有。是简要概括吗？没有。虽然她说的内容都对，但全然不符合要求。（停顿）这是我们学习中间的一个最大的问题，我们根本不看着问题来回答。第二个同学，我让她对第一个同学的回答方式进行评价，她进行补充，也没有按照我的要求来回答。第三个同学非常好，是对前两名同学的评价，他指出应该有层次地回答。但是他用了一个词语，应该说"我认为"是怎么样的。大家可以想一想，"我认为"这个词语是在什么时候使用的？（停顿）"我认为"常常用于表达自己主观观点的时候说。你听录音里边那个人的人物身份是退休教师，她就是退休教师，不因"你认为"发生任何改变，所以不能用"我认为"。（停顿）口语表达是非常严谨的一件事，学习是非常严谨的思维活动。我要表扬我们二组三排 1 号同学，实际上她的笔记本上已经是按照三个方面来做笔记的。她的笔记做得非常好，她上来就写的是人物身份、家庭状况、日常生活三个方面。结果我让她对第一个同学进行评价的时候，她忘了自己笔记本上写好的提纲了，上来就给她做补充，是吧！我刚才发现她是全班第一个动笔记笔记，也是全班记笔记记得最好的一个同学。我们还有六名同学在第一个环节里边没有记笔记，这是应该改进的一种学习方法。好，笔记该怎么做？就应该是一看题目，马上写人物身份、家庭状况、日常生活三个关键

自问自答好，很有吸引力。

抓住"我认为"，非常准确、有效，也让人意外和惊喜。

表扬很有针对性，说服力强。

老师眼光很独特。

词。接下来，听到哪个信息就向哪个里面放。最后再对你们所说的那些爬山呀，干什么什么那些东西呢，不能全说上去。全说上去，如果是考试也不能得分的，必须是概括。概括就是简要说明，我还特意给前边加了一个"简要概括"。简要概括本来是多余的话，结果，你们还是能详则详。能详则详的这种方法从哪里来的呢？从你们平时答卷子的时候来的，觉得答多了不扣分，答少了是要扣分的。这样子的话就在表达当中，不能有效地传递有用信息，而让大量的冗余信息覆盖了有效信息，这是表达不负责任的一种表现，明白了吗？好。上我的课要求很高的，说每一句话都要慎重。（停顿）特别是刚才那个"我认为"不能乱用，明白了吧！

> 借机教学生答题方法，恰到好处，也很有效。

好，别紧张啊。为什么别紧张呢？因为该你们紧张的时候来了。第二段录音非常非常长，非常繁复，我可以邀请所有的听课老师和你们一块参与学习活动。我待会儿可以给底下也放话筒。我相信他们听到的未必能超过你们。（停顿）好吧！这个录音非常难，而且我还有一个更难的要求，我不出题目了，你听完之后我再出题目，你觉得里边什么重要你就记什么，明白了吧？

> 和听课老师进行互动，最终没有兑现，稍有遗憾。

> 要求很高，提高难度。

（播放录音）

独白：我有一个老领导，他老伴已经去世多年了，他好几个孩子，但是呢，都不在身边生活。老人退休以后就一个人在家，有一次到班上，他

> 这第二段录音时长是6分30秒。

226

跟我说：他说他这一周就说了两句话，一句呢，是到公园去散步，碰上了一个人问他"老大爷，您今年多大年纪了？"他回答人家；再一句话呢，就是我们单位有一个同志去给他送报纸杂志，他说了声"谢谢"。后来，有一天早晨，他过马路去买豆浆，结果一下子发生车祸了，老人死得很惨。

（配乐）

记者：我一直犹豫是否用这个故事作为这期节目的开篇，因为它有些伤感，甚至残酷。如今，这位一周只说了两句话的老人，已不能告诉我他真切的感受。但他却向我们提出了一个严峻的问题，那就是老年人的精神需求不容忽视。不容忽视的另一个理由是，我国60岁以上的老人已经有1亿2 600万！这个庞大的数字中，有多少老人的生活是孤独、寂寥的，我无从知道。但我敢肯定，前面提到的那位老人，他的境况在中国的老人中，绝不是唯一的。

老人1：一个人在家里头闷死了。

老人2：这个时间呢就是比较难打发，感到很孤独，经常是流泪。

老人3：那个，一天到晚也就是出去溜达，回家干啥呢，也没啥事，所以我一般不到天黑都不回家。

老人4：在家里一个人孤单单，一天到晚都坐在那里做什么，就拿着毛线，织毛线。没有人讲话真难过，真不喜欢，心里不开心。要买来吃，我也跑不动；要到哪里去玩，我又不认得。孤单。

227

那个钱有什么用？这身外之物我都不想要了。

记者：那么老年人想要什么呢？专家用四个字回答我——"精神赡养"。

专家：我认为老年人的精神赡养，就是指外界用很好的表达方式，去满足老年人的精神需求，从而保持老年人持续的一种完好的精神状态。

独白：这是北京大学人口研究所博士生导师陈功对"精神赡养"的解释。事实上，很多老年人甚至还没有听说过"精神赡养"这个词。在生活中，他们对精神赡养的需求，却是明确而实在的。

记者：您觉得儿女怎么做，才算孝顺呢？

老人5：对老人来讲关心关心，经常来看一看，聊一聊自己在这个工作方面、生活方面怎么安排的，交流交流，可以了。

老人6：我们有一个儿子一个女儿，他们也还挺注意这个。比方我们过生日，他们从来不忘。过母亲节，给她送一盆花来。还送了一个，那个什么减肥，肚子大了，减肥的那个电动的，那个咚咚咚咚，减肥的。

老人7：我的大女儿就经常给她妈买东西。过了半天，星期五来看我，买的东西，吃啊，我很高兴。我就觉得她心里，还有这个父母啊！能惦记着父母就行了。

老人8：钱不重要，多回家来看看我们就行了。

老人9：作为父母来说，我觉得就是对孩子不必要求过严了。你必须每个礼拜天来看我，来多少次。他又有工作，他要出差可能来不了。我觉得这个，作为父母应该谅解孩子们。作为孩子来说，要想着父母，经常来看看，不是有首歌嘛，《常回家看看》是不是？

（歌曲声音）"找点空闲，找点时间，领着孩子常回家看看，带上笑容，带上祝愿，陪同爱人常回家看看。妈妈准备了一些唠叨，爸爸张罗了一桌好饭，生活的烦恼跟妈妈说说，工作的事情向爸爸谈谈。常回家看看，回家看看，哪怕帮妈妈刷刷筷子洗洗碗，老人不图儿女为家做多大贡献呀，一辈子不容易就图个团团圆圆……"

记者：去年这首名叫《常回家看看》的歌曲，让一向对流行音乐不以为然的老年人，着了迷。有几句歌词是这样说的："找点空闲，找点时间，领着孩子常回家看看。老人不图儿女为家做多大贡献，一辈子不容易，就图个团团圆圆。"说来也简单，就图个团团圆圆，就图个天伦之乐。老人的愿望能实现吗？

（学生听录音的过程中，教师来回巡视，注意观察学生的具体表现）

师：好。这段录音有记者的旁白，有记者的采访，有多位老人的回答，有专家学者的解释，有音乐，有现场音，太繁复了。这是考量我们大家学习能力的关键时刻。（停顿）我们从字词构成的段，再构成的篇，那样的一种文本里边来阅读，我们阅读的是连续性文本。这个世界上还有另外

很感人，传递正能量。

虽然唐老师行动不方便，但仍来回走动，令人敬佩。

的一种文本，叫非连续性文本，声音文本也属于非连续性文本的一种形式。所以，我们能不能从它中间获取信息也是非常重要的。

此时介绍"非连续性文本"，很有必要，让人印象深刻。

有三个问题，一个问题比一个问题难。最后问题提出来的时候，连底下的老师都说太难了，但是我们今天要把它通过。第一个问题，这么长的一段录音材料，是围绕哪一个中心话题展开的，请回答。

提出第一个问题。

生1：是围绕那个，对老年人的那个，就是精神赡养，还有空巢老人来展开的。

师：围绕对老年人的精神赡养和空巢老人展开的。把你这句话好好组织一下，因为精神赡养和空巢老人以并列的方式来呈现，不尽合理。

生1：是按照，对老年人的精神赡养展开的中心。

师：对老年人的精神赡养中心展开的。你的叙述方式应该是这一段录音材料，是围绕什么什么展开的，这样回答是标准的，明白了吧！好，请坐。给前面那位同学话筒，继续谈谈你的观点，围绕什么来展开的，不看笔记本好吗？

引导学生要规范地回答问题，很好。

生2：我觉得是围绕那个，老年人的精神需求展开的。

师："我觉得"。这次用"我觉得"合适吗？合适！非常好，可以用。"我觉得"是因为，是在发表你自己的看法，围绕老年人的精神需求展开的。好，请坐下。下面还有，刚才谁举手了？你们这里是你举手了，好，你就说。

该问题，很有针对性。

生3：我觉得也是围绕那个老年人需要精神赡养。他从一开始一个例子，引出了后面的一些方面。

师：话可一句都不能多说的。我只问围绕什么展开，我没有问怎么展开的。

生3：那我觉得，就是围绕老年人需要精神赡养展开的。

师：老年人需要精神赡养展开的，还是说成老年人的精神赡养问题，或者老年人需要精神关爱、精神需求展开，这都可以。

好了，我们在这不再耽误时间了，因为说的挺好。说围绕老年人的精神赡养展开的，说围绕老年人的精神需求来展开的，都对。但只能说到这，不能多说一个字，明白了吧？有没有其他的看法？（停顿）没有吧。那好，这就是我们这个录音的一个——我说的是什么呢？"话题"是吧？是一个话题。话题是什么意思呢？就是这一段话围绕着一个中心，它不一定是观点。如果我问它的中心是什么？它的观点是什么？一定要用判断句。如果问话题是什么，只说一个概念就可以了，明确了吧？话题是一个概念，是一个范围，清楚了吧？我有另外一个身份，我是出高考题的，明白吧？所以你们怎么答题，我会严格要求，知道了吧？好。你感觉到听这段录音，更像你们过去学过的记叙文呢，还是更像你们学过的议论文？

生：（齐答）议论文。

点拨得很到位，非常好。

分析得很好。

风趣幽默，也有教育意义。

师：是议论文，好。那么在明确是议论文之后呢？我请大家再来想第二个问题。那就是，它是按照什么样的思路来展开的？就是这一段录音是按照什么样的思路来展开的，或者说它这个材料是按照什么样的顺序来组织的。也就是你（指生3）刚才答的问题，明白了吧？好，需要我们同学把它理一理。然后争取这次回答的时候，不要犯我前面提醒的那种错误，就是严格对这个问题来回答，是围绕怎样的思路来依次展开的。我这次把"依次"加上了。本来我说围绕怎样的思路展开的，你就应该是依次回答，我怕你再听不明白，我可以降低难度说是依次展开的。

提出第二个问题。

（生进行整理。）

师：好，这次我就不要求同学们举手回答了，我来叫号回答好吗？一组的有两名同学应该紧张，你知道我肯定会叫到你的。（停顿）因为我观察课堂笔记的过程中间，你的笔记上面，可能有一些平时做笔记还需要进一步把它加强的地方。

引导学生要记好笔记。

（生继续整理。）

师：好了。（停顿）那么我们就请今天上课忘了带笔的一名同学回答。

生1：有这么一个老人，他就是出车祸嘛，就是一个人出车祸这个事情。引申到，就是这老人需要一个精神——

师："引申"，请大家关注一下这个词。由一个老人车祸的事件引申。好，接着说。

生1：就是老人他，需要这个精神赡养，需

232

要关心。

师：引申出什么？

生1：需要有人关心他。

师：需要有人关心他。

生1：需要赡养，精神赡养。

师：精神赡养。

生1：有精神需求。

师：有精神需求，再没了？

生1：没了。

师：平时上课记笔记吗？

生1：啊。

师：不怎么记，是吧？

生1：是。

师：你理科比较好。

生1：是。

师：脑子很聪明，不太记笔记，请坐。那位同学我就不再说了。因为我这个，对这位同学挺友好。因为我已经给他感情投入，我借给他一支笔，送你了。所以我和他沟通一下，没问题。注意一下，就是再好的脑子也抵不过烂笔头，好记性抵不过烂笔头。所以，今天不是出你洋相，就是给你一个提醒。我知道你平时学习的时候，是那种倾向性的学习方式。但是还是应该记，无论你今后做什么工作，记笔记是一个非常重要的基本功。特别是做领导干部，听报告必须记笔记，是吧！那我们现在就叫另外一个同学，不是你们这组了，也不是笔记记得不太好的。

对话很有趣。

强调记笔记的重要性。

这是补充说明。

他说了一个词很关键，叫"引申"。我和大家把这个词再来说一下。"引申"是什么意思？同桌给讲一下，引申是什么意思？

生2：我认为"引申"就是一个事物，你一开始并不知道它是什么，来源什么地方，然后，你利用一些资料之类的，可以把它引申。

师："申"这个字是三令五申的"申"，是反复地阐释，引下去，对它进行阐发阐开，是这样的意思。我们这里应该是换另外一个词儿，不是引申，而是什么呢？引出，是吧？引出不是引申啊，是引出，请坐。（停顿）请大家千万不要到改病句、选词填空的时候，才以为那是学语文的，平时课堂上的每一个交流都是做语文卷子。我这样说，如果还有一点对的话，其实是想表达另外一个意思，就是语言的规范性学习，就在平常的生活当中，而不是你们认为做卷子的时候才是干这种事。引出，引出了什么？结果他说了，没说下去。下面我想再请另外一个同学，再来说一下，我想请二组的六排2号同学来说。

生3：我觉得是由一位孤寡老人，然后出车祸——

师：一位孤寡老人？

生3：空巢老人。

师：空巢老人和孤寡老人的区别是什么？

生3：一个是有孩子，然后孩子不在身边。一个是没有孩子。

师：什么叫孤？

生 3：孤独。

师：什么叫寡？

生 3：没有老伴。

师：在本意当中，幼年死去父亲或父母双亡为孤，古代妇人丧夫，男子无妻或丧偶为寡。孤寡老人指的是无配偶，无子女，没人照顾，年纪超过 60 周岁，丧失劳动能力的人。那里边只说我认识一位老领导，并没有表明他的子女情况，因此不能说是孤寡老人。（停顿）好，向下再说。

生 3：一位空巢老人，然后去世的事情，引出——

师：引出。

生 3：老人是需要精神需求的，然后——

师：然后。

生 3：记者又采访了一些老人——

师：记者又。

嗯，你再说，我只是给你提示一下，你朝下说没关系。

生 3：又说出，又采访老人——

师：又。

生 3：说出了的一些感受，这些感受——

师：什么？在前面说了一个什么词？

生 3：感受。

师：再说出一些感受，后面你又用了一个什么词？

生 3：这些。

师：啊。

老师打断学生说话，学生更说不好了。

此处老师没有听清楚。

235

生3：这些感受——

师：这些感受。好，向下再说。

生3：嗯，之后又引用了——

师：然后。

生3：噢，然后——

师：然后。

生3：作出了，嗯，引用专家作出的解释。

师：专家的解释。

生3：然后——

师：然后，好。

生3：又引申出了——

师：又引申出了。

生3：引出了我们该怎么做。

师：我们该怎么做。

生3：然后又播放，播放了歌曲《常回家看看》。

师：播放了歌曲，行，你可以坐下，我不让你说完了。因为你的问题暴露已经非常充分了。（停顿）请大家注意一下，我为什么一直在强调他的这些词。你看他，然后，又，然后，然后，又，然后。我们知道，在口语表达过程当中，如果要显示表达的层次性，必须用表明序列感的词语对语言加以认真地组织。如果你用然后，然后，然后，我们的听众根本听不清楚你讲了几层意思，是这样吗？表达不清晰的背后，是思路的不清晰，思路不清晰的背后，是思维没有到位。所以不要老说这人说话就是说不清，其实他想清楚了没？他说不清，就是没想清。（停顿）你想，我为什么

高中学生不能把话说好，值得深思。

236

说你没想清楚呢？你不知道这个内容到底分几层，所以就然后，然后，然后。你这个然后是几层呢？港台的歌星，接下来呢，接下来呢，他自己本身乱，他不知道该表达几层，接下来呢，想一层算一次，接下来呢，接下来呢，就在那说是吧。你这次回答，我问这个材料是按照什么样的思路来展开的。思路，第一步，第二步，第三步，我用第一，第二，第三，我的叙事感特别强。如果我用引出，然后这第一个，引出第一层，然后第二层，我最后一定说，最后这是第三层，是不是？首先，其次，然后，最后，我四个层次。你不能这么然后然后然后下去，明白了吧？好，重新组织你们的语言，重新进行回答。到底是几层？该怎么说。我不是一个太咬文嚼字的人。（停顿，全场大笑）我上课，听我课的同学经常回答说，人其实挺好的，就是上课我们觉得挺累的。

（生大笑后，重新组织语言。）

（教师巡视，了解情况）

师：（面向生3）你别灰心啊！你别灰心，你待会，还有一个给你表现的机会。你让大家知道了，你有一个本事挺大的，嗯。（停顿）我说的对吧？是这样吧？

那么好，你现在来给咱们说。

生4：我把思路分成四层，然后第一层是人物关系，是作者和这个老领导之间的关系，就是这个老人然后死了。然后，第二层就是围绕这个，这个老年人，为什么会，就是为什么会这样。就

风趣幽默，非常有意思。

教学生具体方法，很有必要。

诙谐幽默，效果不错。

但后面没给他表现的机会，有点可惜。

学生自己都不好意思了。

是，然后围绕老年人为什么会这样，然后引出这个主题是老年人的精神需求。然后，结尾就是作者需要，作者想让我们，就是希望和观点，就是希望我们能常回家看看，就是分成四层。

师：请坐吧。是这样，我今天破个例，我申请待会儿把我讲座的时间呢，都用到上课，我们就稍微展开说一点，给你们把课上的时间长一点儿。原来不说这么多，一说多这个时间就不够了，我稍微展开一点啊。就是我今天给大家教一个叫抽屉原理。就是在表明序列性词语的时候，经常可以用抽屉原理，就是先总说，后分说，是这么说的。我有一个柜子，共有三个抽屉，现在我把第一个抽屉打开，其实第一个抽屉里边装什么乱七八糟的不要紧，我现在把第一个抽屉打开。好，刚才给大家看的是第一个抽屉，我把它关上。现在我把第二个抽屉打开，刚才给大家看的是第二个抽屉，把它关上。下面我把第三个抽屉打开，好，第三个抽屉的内容介绍完毕，我把它关上。今天我给大家展示了三个抽屉，第一个抽屉是什么？第二个抽屉是什么？第三个抽屉是什么？明白了吧？这就是口语表达的抽屉原理。你必须要用强烈的序次感的词语，来表明你说的内容的层次性，听明白了吧？今后我们在学说的时候呢，把它来注意一下，这就可以了。好，我刚才把你半道打断。现在沿着你那个话继续说，说他分几个层次，先什么后什么？

生5：嗯，从一开始用一个事例，引出了——

介绍"抽屉原理"比较有趣，但学生不一定能完全听明白，也不一定会用。

238

师：引出了，好。

生5：引出本文的，就是这一段的那个主题，老人需要精神赡养。嗯，然后他说用了一段，一个北大博士生导师的话——

师：干什么？

生5：引出了——

师：引出。

生5：引到了——

师：引到。

生5：引到了那个记者的一些旁白。之后，又采访了几位空巢老人，最后他提出了一个希望和想法，老人的愿望，就是希望可以团圆，然后共享天伦之乐。

师：好，这是把思路理了一下。你说。

生6：首先我认为本篇文章是以常回家看看为文章线索，这是一个文章线索，然后首先呢，这篇录音的一开始就是——

师：一开始。

生6：一开始举出了一个事例，举出了作者——

师：举出了，干什么？

生6：就是为，就为了引出——

师：引出话题。

生6：引出话题，点明中心。然后其实——

师：点明中心，也已经说了，第一层次不要再有动摇。引出话题，你们已经好多人说这个事情了，今后咱们这点不再重复。引出话题，接下来做什么？

生6：接下来第二点就是用。因为本篇录音是，老师您刚才已经说了，本篇文章是议论文，所以我认为第二个层次，就是用具体的事例，或者用那个北大博士生导师一段话来——

师：来干什么？

生6：来更加突出这个中心。

师：引出话题，下面来干什么？

生6：铺垫。

师：铺垫什么？

生6：强调——

师：强调。

生6：嗯，老师，其实刚才组织——

师：如果咱们说第一段话，谈了一个，我们引出话题，话题是什么。那么第二段解决一个中心问题是什么，是分析这个问题，是为什么？是吧？

生6：嗯，第三层次就是用常回家看看，那个东西来回答——

师：回答什么问题？

生6：啊，就再次点明中心。

师：是什么，为什么，最后应该是？

生6：怎么做？

师：怎么办。这不就是议论文的三步吗？

生6：噢，谢谢老师！

师：明白了吧？好，你们刚上高一，对议论性的话题，它的逻辑思路的展开是"是什么？"接着分析"为什么？"最后回答"怎么办？"我

老师归纳一下很好，否则学生还是说不好。为什么？

240

们再来理一下，把你们的笔记再理一下，好吗？用一个空巢老人遇难的事情，引出老年人的精神赡养、精神需求问题，是吧？然后用大量的事实性材料和理论性材料来分析，为什么要关注老年人的精神需求。最后回答应该怎么样解决老年人的精神需求，是吧？而且你们在说的所有问题的时候，你们没看今天的这个材料的标题，标题叫什么？《白发的期盼》。那不就是围绕这个问题来展开吗？先引出白发的期盼，分析白发有什么期盼，最后怎么样？回应白发的期盼，是吧？我们磕磕绊绊地渡过了第二个关口，呵呵，我设置的是不是太难了一点啊？还好啊！学习，觉得思维活动很紧张吗？还行？好。那么就第三个，我已经观察了，我们全班有 12 个同学，是 1/3 的同学，没有抓到这个关键词，其他所有的人，都已经抓到了这个关键词。四个字，你们凡是抓到这个词来给我报出来，这段里边有一个关键词是什么？说。

生：（齐答）精神赡养。

师：对，精神赡养。看看，我说谁笔记本上没精神赡养，赶紧写上，是吧？我刚才齐齐看了一遍，写精神赡养的，记不记得精神赡养这个词是谁说的？

（生集体回答。）

师：北大的一个人口研究学者，他的名字叫什么？

生：（齐答）陈功。

师：啊，陈功都记住了，好的，很好。现在

老师的眼光很独特，善于发现问题。

谁能跟我说什么是精神赡养？陈功不是说了吗？他说的很快，精神赡养就是这样一说，你们听到了吗？好，现在请同学们认真地组织笔记，用非常准确的语言回答，什么是精神赡养？立即想，我估计底下的老师都会觉得这挺难的。陈功那句话是听到了，但是说太快，一说就过去了。我现在要求你们对精神赡养作出解释。

第三个问题。

（生整理、思考。）

师板书——下定义（如下图所示）。

师：也就是对精神赡养这个概念进行定义。这会，我可以说没有任何一个同学，在那个瞬间可以把这个陈功的原话记出来的，这是不可能的。我们只能通过一种方法叫"回想"，来回想一下什么是精神赡养？有困难吗？有没有困难？好，有困难的话，我们可以同桌互相商量，前后桌之间互相商量。

这值得商榷，应该去"理解"和"分析"吧。

（生商量。）

师：但是，我相信你们班肯定有两位同学，对这个概念可以作出较为满意的回答。

真佩服老师的好眼力。

242

（生继续商量。）

师：好，我们这回就可以再来谈一谈了。我们的这个不记笔记的同学，这就难了，这会回想起来，那彻底就非常困难了。你记笔记，也未必能够记住啊。（停顿）很困难吗？什么叫精神赡养，如果你们今天说出来的话，全场老师给你们鼓掌，太厉害了，这么一听马上就能说出来。我让你们这会儿说肯定说不出来，听我方法，就马上能说出来，对不对？因为你要掌握科学的方法。一个博闻强记的人，他并不是记忆力特别好，只不过是他的学习力特别强。你叫我去听这样的录音，听一遍，我肯定能给你说出来，为什么？我知道方法，你们不知道方法，来。

（教师板书：种差＋属，如下图所示）

师：这字都认识吧！种差、属，意思都知道吧。不知道？唉这就对了，这就需要我来给你们讲啊。"属"就是我们被定义概念，被定义概念的上位概念。上位概念，就是它是什么的上位概念。

这里分析得不是很透彻，学生可能还不是很明白。

说粉笔上位概念是什么？书写工具，是不是？粉笔是一种书写工具，它是什么样的书写工具呢？（教师拿起一支水笔）它也是书写工具，它是什么样的书写工具呢，说说它们的区别？明白了吧？这就叫"种差"。那好，我们先来想一想，与精神赡养相对应的那个概念是什么？

讲解得还不够到位，学生不好理解。

生：（齐答）物质赡养。

师：好，找到物质赡养了。我们现在能不能把物质赡养说出来，物质赡养就是什么呢？在物质上关心什么？

（生集体回答。）

师：老人，帮助老人，满足老人的物质需求，是不是？那好，那我们对应它来说。精神赡养就是——

（生自言自语。）

师：对什么人？仅仅是儿女吗？

生：（齐答）社会各界。

师：社会各界，对。陈功用的是哪个词？

生：（齐答）外界。

师：总而言之，精神赡养就是满足老人的精神需求。后面还有话吗？使他们怎么样？我请三组四排1号同学来回答。嗯，就是让老人怎么样？

生1：来满足老人的精神赡养。

师：满足老人的精神需求。从而使老人怎么样？保持什么？

生1：保持完好的精神状态。

师：对啊，全班就你一个记了"完好的精神状态"，你怎么这会儿又忘了呢，呵呵，你看你的笔记，好，请坐。让他们保持一种完好的精神状态，完好的精神状态，前面还有一个什么词？就完好一下子就完了吗？还必须是持续的，对。我们还有一个同学，记住了"持续"的一个词。好，那也就是说，是外界用一种什么样的方式呢，用老人能够接受的方式，是吧？用老人能够接受的一种方式，来满足老人的精神需求，从而使老人保持一种完好的持续的精神状态，是这样吧？好，我们现在完整地把它说一遍，跟着我的话来说，精神赡养就是，开始。

（生齐说。）

师：大声。

（生再齐声说一遍。）

师：噢，那就有问题喽。我们这样子来看啊，他还没说它是一种赡养方式，是吧？好，跟着我一块来说说。（师生一起说）精神赡养就是外界通过良好的一种方式，满足老年人的精神需求，从而使老年人保持完好的持续的精神状态的抚养方式。

它是一种抚养方式。我歇一会儿，请大家把笔记整理一下，整理两个。一个是思路，按照是什么？为什么？怎么办？一个定义，好吗？不要忘了写上这一课的标题。

（生整理笔记。）

（教师在黑板上板书如下）

表扬学生会记笔记，非常好。

老师借学生整理笔记的时候，擦掉黑板，重新板书，条理很清晰。

师：好，大家看一下。笔记整理按照这样的一种方式，尤其我给大家做一个示范，"是什么"要用最简要的词概括，"为什么"用简要词概括，"怎么办"我已经给概括了。用常回家看看，是吧？定义，被定义概念是哪个，写上，精神赡养，种差是什么，属一定要做到那种赡养方式，好了，一定要把底下的线划好。

教会学生记笔记的方法，非常好。

师：好，最后一个环节，请你们推荐一位班里边朗读比较好的男同学，来朗读一下魏先生的这段话，好吗？你们班男生。

是推荐的你吗？哪位同学？朗读一下？谁读的比较好。好，二组的六排1号同学。

（男同学读如下内容）

阅读文本，对比倾听

- 记者：现在回想起这件事情，你觉得是不是那时候太年轻，不知道老人的需要是什么？
- 魏先生：不知道吧，的确不知道，反而觉得他没事找事，事情过去了，才慢慢明白，可明白的时候已经晚了（叹息声）
- 魏先生：能多陪父母呆会儿就呆会儿，能跟他们多聊聊天就多聊聊天，他们不单单需要我们给他多少钱，多大的房子，多请一个小时工或保姆来伺候他们，不是这样的，多小时候对父母有一种依恋，他们老了，变得很弱小了，他们需要你。
- （录音止、音乐起、音乐压混）

让一个男同学来读，后面接着再听录音，有点重复（内容与下面的录音相同），耽误时间。

不知道用意是什么？可能是为了"对比"，但教学过程没有体现出来。

师：好，请坐。下面呢，让我们安安静静地听一段录音，录音里边有魏先生他自己说的这段话，让我们用心来感受一下。

（播放录音）

魏先生：这是一年的春节，我回到老家，我就和我爸住在一个房间里。他呢，老是试图跟我说些什么，就是唠叨他小时候那些事，这些呢，其实我都不愿意听。尤其到了晚上十一二点，一两点钟呢，他还在那唠叨个不停。我呢，这时候困得要死，他老跟我说。我就说："爸，您别说了行不行啊？"可是待了一会儿呢，他又跟我说。或者说，你给我倒杯水啊什么的，弄得我一点脾气都没有。后来我就忍无可忍，我就说"爸你不要再说了，行不行，你要再说，我就到别的房间睡去了"。完后，转身我就走了。

记者：那你爸他在这个房间怎么样？你知道吗？

魏先生：我捂上耳朵。我知道他不是真的想喝水，他就是想旁边有个人。但是那个时候，的的确确不想跟他在一起，听他唠叨。

记者：那现在回想起这件事儿，你是不是觉得那个时候太年轻了，不知道老人需要的是什么？

魏先生：不知道吧？的确不知道！反而觉得他是没事找事。事情过去了，才慢慢明白。可明白的时候呢，已经晚了。

此段录音难度不大，时长3分30秒。

本节课安排了3段录音，尽管主题相同，但在难度上没有形成梯度，又没有对比，加上超时了，能否将这第三段录音删除，值得研究。

记者：对父母还健在的人，你想说些什么吗？

魏先生：能多陪爸妈待一会儿，就多待一会儿，能跟他们多聊聊天，就多聊聊天。他们不单单需要我们给他们多少钱，或者给他们多大的房子，或者请一个小时工，或者保姆啊来伺候他们，不是这样的。你小时候对父母有一种依恋，他们老了，变得很弱小了，他们需要你的。

独白：（配乐）"树欲静而风不止，子欲养而亲不待。"有些事情永远不能追回，有些遗憾永远无法弥补。做儿女的你，也有悔之晚矣的叹息吗？

（电话录音）喂，是我。那个怎么样？挺好的，挺好。

记者：又一个游子在给远方的父母打电话，一根细细的电话线，隔山跨海，能否承载得了父母的期盼和儿女的责任呢？

师：好，我们在对比当中，感受了声音文本的独特魅力。好多同学都已经沉浸其中，深有感触。我现在不是让大家把磅礴的感情，再肆流下去，回来进行理性的思考。回答一个问题，这就是你感觉到声音文本，在表现方面有哪些独特的魅力？请至少说三条，动笔写。

（生写。）

师：你们一定要把我的话听清楚。我说的是声音文本在表现方面，有哪些什么独特的魅力，至少说三条。我这每一个词都不是乱说的，如果

声音文本的"独特魅力"在前面两段录音中，也能体现出来。不需要通过这第3段录音来呈现。

248

谁把"独特的"忘掉了。独特的是什么意思？就是它有，别的人没有的，你不能说它的魅力，而一定要说它独特的魅力。（停顿）那么它这个独特是与谁相比呢？显然是与文字文本相比的。啊，所以你们这个要训练很严密的这种思维方式。好，开始。

生1：那么我觉得那个语言的话，它有感情，它有抑扬顿挫，然后它有语感，这个是文本上很难读出来的。

师：必须学会用总领性的话语来说。声音文本在表现上的独特魅力，我认为有三点，第一点，第二点，第三点，用这种方法来说。

生1：哦，那语言在特点上，那么第一点，我认为它在——

师：语言在字眼上的第一点，这么答就是零分。

生1：哦，它独特魅力的有，第一点——

师：独特魅力也是零分。必须要回答得非常严密。啊，我们这个随意，是平常随意，太随意了，所以我们不太关注这些问题。当然上面有问题，你可以直接这么答，但是诉诸听力的话，你必须把它说完整。这是我今天上课有非常严格的规范性要求。好，开始。（该生回答不出来）好，我已经知道问题出在哪里了。我这会在提问什么问题，你把我提问的问题重复一遍。

生1：在语言上，那个——

师：是，我知道你已经听错了，所以——

生1：因为声音文本，声音上独特的魅力——

师：也是错的啊。所以，这是一个非常，我们语文课上一个非常重要的一个问题，就是必须把我们的问题先听清楚，好吧？请坐。我再把问题重复一遍，我刚才已经重复了好几遍，啊，再重复一遍。嗯，是什么呢？大家都说一遍。

（生齐说问题。）

师：再说声音文本在表现上的独特魅力，至少说三条。好，还有哪位同学希望回答？你回答是吗？好。

生2：我认为，首先是声音文本较文字文本上，是有一些主观的感情在里面，且语音文本用音乐来渲染对话。最后我认为，语音文本能够带动听者的感情。

师：你说了几点？

生2：三点。

师：如果概括地说呢，如果每一句话在关键字上，我们都用不超过三个字来说呢。

生2：有感情。

师：我们反过来问，文字文本没感情？

生2：有主观感情。

师：有主观感情，文字文本没主观感情？

生2：它的主观感情，要较语音文本要较弱一些。

师：较弱一些，那个就是好了。好了，她已经找到了一种方法，我们怎么去做独特性的比较呢。有和无是一种比较方法，强和弱也是一种比

提醒学生注意，这非常好，但学生还是不会说。

老师没有小结，放弃了。

引导非常好。

250

较方法，多和少也是一种比较。好，把思路打开，是吧？请坐。对你的回答。我还是要肯定。大格局是对的，框架是对的啊。我现在要来给你们说一个基本的方法，在说它的独特性的时候，一定要找最大的区别。（停顿）先说迥异，再说微殊。最大的区别，她刚才已经抓到了。最大的区别是什么呢？它的表现方式的多样性，是吧？她刚才说到这点，唉，你那个文字文本，你就是文字，人家一会儿出来录音，啊。在魏先生的内心叹息之后，我们的记者把吕思清的小提琴独奏《思乡曲》，恰如其分地加入到那个点上，直抵人心。我看现场的好多听课老师在那一刻，也眼潮泪落。而你的文字文本，要想做到这一点是不大可能的，是不是？就是表达手法的多样性。用多样性来说，是不是很好，是吧？第二个你也说到了，是什么呢？是把听众能带到那个现场里边去，它有现场感，是吧？你这个就没有了，你这个文字文本就没有现场感，唉，我这有现场感。第三个还有什么呢？第三个我就不说了。但是第三个一定要让你们去想，说出来一条一定是声音文本所有，文字文本所无；或者声音文本所强，文字文本所弱的那个事情，留下给你们同桌互相点评，好不好？好，今天这节课我们就上到这里。

第三个为什么不说。留下悬念，学生课后思考很有必要，但能搞清楚吗？

人类创造了丰富多样的文本形式。我们这一代人是听广播长大的，在中国有一批杰出的人才，他们给我们录制了许许多多的文本，让我们过去

介绍背景，很有必要。

从广播中间听到了许多的东西。今天我给大家呈现的这个文本是中央人民广播电台的资深记者温秋阳，她常年在北京工作，离父母很远，她对这个话题深有感慨，曾经采访过600多位不同的人员，最后关起门来，在一个小房间里制作了一个月，拿出了一个叫新闻述评。

（板书：新闻评述）

师：大家听到了许多"述"，也听到了许多"评"，我们把核心的思路理出来，是按照这种思路来组织材料的。这个节目曾经送到亚洲——太平洋广播联盟去评奖，获得了金奖。温秋阳女士把这段录音送给我，我作为一个常年在外地工作的人，感同身受。在编写教材的时候，也把这一段录音编进了教材。今天是希望大家走进语言现场，来共同通过我们的耳朵倾听文本。

课后的作业有三个：第一个是认真整理完善课堂笔记。第二是规范回答声音文本在表现上的独特魅力。第三，通过网络去寻找另外一个同样获得亚洲广播联盟金奖的作品《永不消逝的歌声》。

（板书：《永不消逝的歌声》）

师：这是纪念不朽的传歌者王洛宾的一个新闻剪辑。这节课就到这里，下课！同学们再见。

生：老师再见！

这后面有点拖沓。

布置作业，很有针对性。

二

教者简介

唐江澎老师是江苏省锡山高级中学校长，江苏省校本课程开发研究所所长，中学语文特级教师，教授级中学高级教师，国家基础教育课程教材专家工作委员会委员，教育部普通高中课程方案修订专家组核心成员，教育部中学校长培训中心兼职教授，卓越校长领航工程"名校长班"导师，长三角名师名校长培训基地导师，江苏人民教育家培养工程导师，南师大兼职博士生导师。

他的教育教学成果先后两次获江苏省人民政府特等奖，全国基础教育课程改革研究成果一、二等奖，首届国家级教学成果一等奖和二等奖。专著《唐江澎与体悟教学》列入教育部"教育家成长"丛书出版，主编《新高中书系·学科发展》丛书，参与编写的初中、高中《语文》教科书，经教育部审定在全国20余省市使用。

唐江澎校长提出了"百年坚守"的教育主张，强调以"促进人精神整体成长"作为教育的终极价值追求，通过学校课程体系的整体构建与实践创新，努力让成全人的思想照亮每一个教育细节，培育"生命旺盛、精神高贵、智慧卓越、情感丰满"的人。2010年教育部中学校长中心首批"人民教育家论坛"专题召开"唐江澎教育思想研讨会"。近年来，《人民教育》《中国教育报》《基础教育课程》多次以专刊、头版介绍他的教育思想、办学实践，央视《小崔说事·百年温情》人物专访播出后产生了广泛影响。

三

看课感悟

这里我第一次用"看课"一词。实质上，"看课""观课"等说法，我是比较反感的，我还是比较喜欢"听课""听评课"一说的。但这节课因为我是在办公室看录像后，整理出来的，与在现场听课不完全一样。以上课堂实录，是根据录像里面的声音，使用科大讯飞的"讯飞听见"在线把声音转化成文字，这节课的教学过程就呈现在大家面前。下面，我就来谈一下我的看课感悟。

这是一堂非常好的公开课，上得非常成功，有很强的推广和研究价值。虽然我没有到现场听课，只是看了录像（现场听课一定要比看录像的效果，要更好一些），但本节课以下几点还是让我印象深刻，也永远难忘。

首先是选题。从本节课的选题来讲，《白发的期盼》是一节口语表达课，就是带领学生"走进语言现场"，感受语言魅力，教会学生要学会"倾听"，学会表达。其目的就是要让学生在生活和学习中，多方面地积累素材，并力求规范性地表述。这一类型的课，是我担任教研工作这么多年来第一次见到，觉得很是新颖和有趣，所以也深受启发，收获非常大。

其次是形式。这节课没有现成的教材，教学内容完全是唐老师自行设计和选取的，让学生听录音，谈感受。从这样的教学形式来看，有几点是非常值得借鉴和学习的。一、导入新课开门见山，直奔主题，一点废话也没有，让人印象深刻。二、本节课一共让学生听了三段采访录音，层次清楚，目的明确，既是教学内容，也是教学目标，就是要学生养成会听的习惯，要学会"倾听"。三、学生听过录音后，要会表达与交流，要按照一定的思路和要求来分析和概括，以负责的态度陈述自己的观点和看法，表达真情实感，培植科学理性精神。四、还顺便补充介绍一些相关知识，如"下定义""新闻述评""连续性文本"和"非连续性文本"等概念，并让学生明确，声音文本就是非连续性文本。五、提问方式有讲究，唐老师的提问总是遵循"提问——候答——理答"这样的原则，从而让学生能有充分的思考和回答，不像有的老师在提问时，总说"会的请举手"，是非常不妥当的，因为学生"只要不举手就是安全的"，现如今的很多课堂岂不都是如此吗？这节课上得很实在，没有什么花哨的东西，课件也只有两三张。尽管如此，学生学得很实在，收获很大，听课老师也深受启发。

再次是要求。唐老师本节课能够规范地要求学生，也就是要学生规范地"听"，规范地"记"，规范地"说"。说实话，高中生口语表达的能力还是不够的，还有欠缺，比较薄弱，还需要加强。让学生推敲、锤炼语言，表达力求准确、鲜明、生动。对学生所回答的问题，"今天上课有非常严格的规范性要求""上我的课要求很高的，说每一句话都要慎重"等，这是唐老师课堂上所反复强调的。他的严格要求和规范性要求，其目的就是要学生学会"倾听"，学会"说话"。

第四是目标。本节课就是要瞄准高考，瞄准学生的未来，为学生的终身发展奠基。"表达与交流"就是引导学生在自己的语言实践中，发展思维品质，提高思维能力。教学思路清晰连贯，能围绕中心选取材料，合理安排结构。在对学生进行语言规范性训练时，他总是教学生要"会听"，为此就要捕捉"关键词"，要"回想""对比"等，教会学生说话。正如唐老师自己对这节课的自我评价一样，这节课的优点，就是在"思维品质的优化方面"比较突出。

第五是语言。唐老师的语文教学素养特别高，课堂语言简洁明快，抑扬顿挫，铿锵有力。可以说课堂上没有一句废话，老师的教学语言听起来就非常舒服，很有磁性。我想，听课的老师们一定和我一样，都竖着耳朵来听课，生怕听不清楚，少听一个字什么的，从而不留遗憾。老师的说话就是学生最好的榜样。不仅如此，唐老师还风趣幽默，当他发现一位男同学没有带笔，就送给他一支笔，并借机要求学生要做好笔记。他还说"我不是咬文嚼字的人，上课挺累的"等等，很是自然和有趣。

第六是眼光。唐老师非常善于观察学生的学习情况，眼光独到，学生的一言一行、一举一动他都尽收眼底，牢记在心，并能恰到好处地用在关键时刻。虽然他也是第一次和同学们见面，也叫不出学生的名字，但他能准确地要求第几组第几行第几个学生来回答问题，这是非常不容易的，不得不令人佩服。课堂上，关键时刻能准确找到所需要的学生来回答问题，就说明他善于观察学生，即时了解学生情况。虽然唐老师行动不便，但他还是不停地巡视着学生的学习情况，并在心中默默记下学生的座位号——第几组第几行的第几个同学。还例如，在这堂课中，他就发现第三个问题有 12 个学生没有抓住关键词等。教学中，他一眼就能看得出学生的学习情况，并能准确记住，这样的眼光这样的内心太强大了。

第七是风格。唐老师这节课充分展示了大师的风采，潇洒自如，从容不迫，言简意赅，有条不紊，具有独特的教学风格。他借助语调、语气和表情、手势，并根据不同的环节、情境和教学目的，恰当地进行表述，从而提高课堂教学的效果。唐老师的教学风格可以说独一无二，也很难复制，特别是他的教学语言和风格，非常值得我们去学习和品味。不管是文科老师也好，还是理科老师也罢，都有必要去学习和借鉴，我们有的老师上课说话太碎了，也不怕累吗？

当然，这节课也有一些值得思考和研究的细节问题，具体表现在以下几个方面。一是老师好打断学生的说话（本节课共有16人次站起来回答问题），这不是很妥当。当然，这与唐老师第一次给同学们上课，以及"严格要求"有关。但不管怎么说，老师最好不要轻易打断学生的说话，可以让他们把话说完整，然后老师再加以纠正。否则，学生的思路就容易乱，甚至会不知所措，效果就不会很好。二是板书有点随意，计划性不强。例如在课堂上，唐老师还擦黑板重新进行板书，就有随意性的感觉，不是很严谨了。三是在给"下定义"下定义时有点玄乎，没有这个必要。课堂上在给"精神赡养"下定义时，老师板书"下定义"并加以介绍，有点让人意外，搞复杂了，而且学生还没有完全弄明白，效果就不是很好。四是这堂课一共用了76分钟，有点拖沓。老师自己也认为"节奏放慢了"，因为"规范要求"就延长了一些时间，而且他自己也认为"这节课不要这样长时间"。五是有两句话老师没有兑现。唐老师上课中说到，要和下面的听课老师一起进行互动（并让工作人员在下面放话筒），以及后面再给一个学生"表现的机会"，都没有兑现。老师在课堂上所说的每一句话，都不能忽悠学生，不能不守信用，不能自相矛盾。否则，老师在学生心目中的形象就会受损。六是本节课选用了三段录音，梯度不够，难度不是递进式的，最后一段录音没有发挥什么作用，值得商榷。当然，所有这些都是吹毛求疵，也不否认这是一节非常好的公开课，是值得我们去学习和研究的。

总之，良好的口语交际能力是现代公民的重要素养。口语交际是在一定的语言情境中相互传递信息、分享信息的过程，是人与人之间交流和沟通的基本手段。口语交际教学应注重培养人际交往的文明态度和语言修养，如有自信心、有独立见解、相互尊重和理解、谈吐文雅等。课堂教学中，应重视指导学生在各种交际实践中，提高口语交际能力，选择他们感兴趣的、贴近生活的交际话题，采用灵活的形式组织口语交际教学，而不是过多传授口语交际的知识。同时，还应鼓励学生在日常生活实践中锻炼口语交际能力，从而真正提高他们的口语交际水平。

结尾诗

人文论坛第九届，
观看录像也精彩。
江苏名师唐校长，
高中语文来倾听。
训练学生说好话，
严格要求不含糊。
口语交际是目标，
瞄准素养促发展。

第十六课　创新教学

　　2017 年 6 月 6 日下午，合肥市瑶海区小学语文教研活动，在合肥市蚌埠路第三小学隆重举行，来自全区各校近百人参加了研讨。本次活动包括研讨课观摩和互动评议交流两个环节。首先由两位老师依次执教五年级《望月》的第一课时和第二课时，第一课时由蚌三小的徐东芳老师执教，第二课时是由合肥市行知学校的赵俊友老师来上，这也是赵俊友名师工作室的一次活动，是一次合二为一的教研活动。然后，两位执教者分别介绍自己的教学设计思路，听课的老师们还就这两节课来进行认真研讨和交流。参与本次活动，我收获很大，也深受启发。

　　小学语文教研活动一般都选择第二课时来上课。很多年以前，我就主张，两人分别来上第一和第二课时，一次性上完，然后来进行一个完整的教学研究，这样每次教研活动的效果会更好。所以在蚌三小的这次活动我就非常感兴趣，自始至终参与他们的研讨。

　　《望月》是苏教版小学语文教材五年级的一篇阅读课文，语言隽永，思想深邃，是一篇构思独特、蕴含中国月之文化神韵的散文。文章主要写"我"在甲板上欣赏月亮时，聪明好学、爱幻想的小外甥和"我"比赛背诵描写月亮的诗句，以及小外甥对月亮的独特而富有童趣的想象。从语文教学的角度解读《望月》一文，它既有丰富鲜活的语言表达，又有优美如画的意境呈现，还有人物形象的诗性流淌，所以引导高年级学生在语言文字及文章所营造的意境中走个来回，是这节课的重点和难点。

一

初次研讨

下面，就来具体介绍一下这次教研活动的相关情况。徐老师第一课时的教学过程，如下表所示。

《望月》第一课时教学过程

教 学 目 标	简 要 点 评
一、教学目标 　1. 能正确、流利、有感情地朗读课文。背诵课文的第二自然段。 　2. 学会本课 3 个生字，两条绿线内的 3 个字只识不写。理解由生字组成的词语。 　3. 能有感情地朗读第二自然段，感受月色的美好。 二、教学重难点 　有感情朗读课文第二自然段，激发学生感受月色的美好，积累语言。	教学目标的确立恰如其分，重难点的把握也非常到位，能有利于学生的学习。
教 学 过 程	
一、导入新课 　师：同学们，你们喜欢月亮吗？ 　生：喜欢。	导入新课简明扼要，自然流畅，并注意激发学生的学习兴趣，效果非

师：你对月亮有哪些了解？

生：四个学生回答（省略）。

师：其实，古往今来，许多人都对月亮情有独钟，李太白邀月对影长歌，苏东坡赏月把酒问天，那么在作家赵丽宏的笔下又有一轮怎样的明月呢？让我们走进《望月》。

师：投影如下，并板书课题。

常好。

投影图片很有吸引力，也突出了主题，效果不错。

生：齐读课题。

二、新课教学

师：通过预习，同学们知道谁望月？在哪里望月？什么时候望月？

生：两个学生回答（省略）。

师：是的，夜晚，"我"和小外甥在江轮甲板上望月。月光如水，想一想，课题应该怎样读呢？

生：齐读课题。（声音轻柔）

生：自由朗读课文，把字读准，句子读顺。

师：投影出示如下生字，检查学生自读情况。

提出问题，有利于培养学生的归纳和语言表达能力。但老师的目的仅在检查预习效果。如果能引导学生学会就课题自主提出疑难问题，并进行检索式快速阅读会更好。

就应该让学生自由朗读课文。

dù　　yù　　cāng

镀　　喻　　舱

shēng　　é　　tóng

甥　　峨　　瞳

此处的字全部用多媒体投影出来，很是好看，但不如老师现场板书的效果好。板书，是语文老师重要的基本功，不能丢掉。

生：再组词读，如下所示。

dù　　yù　　cāng

镀　　喻　　舱

镀金　　比喻　　船舱

shēng　　é　　tóng

甥　　峨　　瞳

外甥　　峨眉　　瞳仁

生：再观察三个生字有什么共同点。发现都是左右结构的字，且左窄右宽。

要不要说明原因？值得研究。

师：范写"喻"。（边写边讲解：口字旁小小的，偏在左上方，右边撇捺要舒展。）

老师板书的字很漂亮，这非常好。

生：描红写字，再仿写一个，同桌交换、评价。

生：快速浏览课文，看看课文围绕"望月"写了哪些内容？

师：根据学生回答，分别板书如下。

　　　　江中月

　　　　诗中月

　　　　心中月

师：能不能根据板书的提示，给课文分分段。

生：尝试分段。

这个概括比较好，但最后最好要比较一下，它们有什么区别，那样效果会更好。

师：完整地说说课文主要写了什么内容？并投影出示如下。

这篇课文围绕"望月"，先写了＿＿＿＿，接着写了＿＿＿＿，最后写了＿＿＿＿。

生：尝试回答（省略）。

师：夜深人静，我悄悄地走到江轮甲板上，看到的是一幅怎样的景象呢？投影出示第二自然段如下。

月亮出来了，安详地吐洒着它的清辉。月光洒落在长江里，江面被照亮了，流动的江水中，有千点万点晶莹闪烁的光斑在跳动。江两岸，芦荡、树林和山峰的黑色剪影，在江天交界处隐隐约约地伸展着，起伏着。月光为它们镀上了一层银色的花边……

师：播放音乐。

生：自由地读这一段。

师：如果用一个词来形容这江上月色，你会用哪个词？

生：用二字词语或四字词语回答（省略）。

师：配乐范读第二自然段。

生：闭上眼睛，想象画面。

师：能不能用一个字形容你脑海中的画面？

生：美。

师：板书——美。

师：这么美的画面，我们再来读一读这一段。并投影出示如下。

再读第二自然段：

（1）划出你觉得最能体现月色美的一个句子。

（2）好好读读这句话，说说你从哪些词语读出了美。

生：再读，并思考、回答以上问题（省略）。

师：投影如下，解释"剪影"一词。

这第二自然段花的时间比较多，教学效率不高，还不知道学生会不会背诵。

"剪影"到底是怎么回事，解释得不够到位。《现代汉语词典》中的注释，包含两个方面的内容。

师：配乐引读——云淡风轻的夜晚，我悄悄地走到江轮甲板上，你们看，月亮出来了……

生：再读。

师：投影出示自己改写的小诗，如下所示。

出示改写的小诗，形式不错，但停顿、断句、分行是否合适，且效果怎么样还不好说。任何教学形式都要为内容服务。

月亮出来了　　　　　　江两岸
安详地　　　　　　　　芦荡
吐洒着它的清辉　　　　树林
月光　　　　　　　　　和山峰的黑色剪影
洒落在长江里　　　　　在江天交界处
江面　　　　　　　　　隐隐约约地
被照亮了　　　　　　　伸展着
流动的江水中　　　　　起伏着
有千点万点　　　　　　月光
晶莹闪烁的光斑　　　　为它们镶上了
在跳动　　　　　　　　一层银色的花边……

生：自由地读这首改写的小诗，边读边想象画面。

师：板书——意境美，再投影下图。

月亮出来了……月光洒落在……江面……江两岸……在江天交界处……月光为它们……

生：尝试着背诵第二自然段。

三、小结全课

师：安详的月亮，清幽的月光，静谧的月色，这就是江中月的意境。那诗中月和心中月又带给我们怎样的感受呢？下节课将继续学习。

下课！

接下来的第二节课，是由赵老师接着徐老师来上《望月》的第二课时，从而完成这一课的全部教学任务。其具体的教学过程，如下表所示。

《望月》第二课时教学过程

教 学 目 标	简 要 点 评
一、教学目标 1.通过自主阅读，感悟作者、诗人和小外甥眼里的月亮，知道景随情生，一切景语皆情语的道理。	教学目标和重难点的确立较准确，符合学生的实际，关注学生的自主

右栏点评：

边读边想这很好，也很必要。

有布置就要有检查。

小结全课干净利落，效果不错。

2.通过有感情地朗读课文，培养学生的语感，激发学生主动积累语言的兴趣，展开幻想的翅膀，用童心来反映世界。

二、教学重难点

指导学生体会、欣赏描写月光的句子，理解、品析描写小外甥对月亮独特而富有童趣的想象的句子。

阅读和兴趣培养，有利于学生的能力发展。但第二条目标主体描述不一致，且两条目标均为隐性目标，"自主阅读""有感情地朗读"有交叉包含关系。

教 学 过 程

一、学习"眼中月"

师：你我有什么共同点？

生：两生回答（省略）。

这里的过渡，有利于培养学生的观察能力和语言表达能力，非常好。

师：表扬上堂课表现突出的学生（省略）。

生：一女生到前面来读课文中的小诗。

师：你看到了什么？

生：两生回答（省略）。

师：投影出示如下图片，引出"眼中月"。

老师表扬上节课表现突出的学生，非常有效，有新意。也说明老师有一双善于发现的眼睛。

赵老师就用上节课徐老师的这一张图片，一下子拉近了学生的距离，让人有一种亲近感，非常好，也有连续性。

师：这就叫"读出画面"，并板书——读出画面。

二、学习"诗中月"

师：读书不仅要读出画面，还要读出情境。再板书——读出情境。

师：什么叫情境？

生：一时不知如何回答，在老师的鼓励下尝试回答（省略）。

师：读一读课文，在书里找一找答案。

生：自由地读课文。

自由地读比较好。

师：（仔细观察学生读书的状态）请自读时摇头晃脑、入情入境的一位男孩到前面来，扮演小外甥。

老师善于发现和利用好学生来为教学服务，这非常有效。

师生分角色朗读，教师相机指导学生关注小外甥的"歪着脑袋，眨了眨眼睛"神态、动作等的描写，进行角色扮演。

生：小外甥和我（老师）板书背诗句（省略）。

师生对答诗句，学生的诗句积累非常丰富，应答如流，老师自愧不如。

这里老师组织再有效、有趣一点效果就会更好一些。因为老师有点"冷幽默"，借班上课学生不是很适应。

生：同位同学进行分角色扮演朗读。

生：两男生上前扮演角色来读第5—13节。

这里有点耽误时间，效率不高。

生：再自由地读一读。

师：同学们，诗句是美妙的，月光是美妙的，

学生再读比较好，语文教学一定要让学生多读课文。

这两种美妙的东西滋润着我们的心田，让我们沉醉在清幽旷远的气氛中。

师：读着读着，我们成了文中的人物，好像就在课文描写的情境里，这就叫"读出情境"。读书还有第三重界，那就是——读出想象（板书）。

三、学习"心中月"

生：读一读14—20节，边读边圈出有关语句，仔细体会。

师：你觉得小外甥的想象怎么样？

生：交流（省略）。

生：齐读最后两段。

师：如果你是舅舅，你能飞到哪里？

生：回答（省略）。

师：小外甥想象很奇特，月亮在小外甥眼里充满了童真，充满了幻想，他真是一位爱幻想的小男孩，让我们也展开想象的翅膀吧。

四、布置作业

1. 观察夜晚的月亮，展开想象的翅膀，也写一写你心中的月亮。

2. 准备举行一次小型赛诗会。

下课！

在教学"心中月"的时候，老师注意培养学生的想象力和语言表达能力，这非常好。

这里要注意，课文中"望月"是假，"想月"才是真，我们一定要培养学生的"想月"能力，拓展学生的思维。

如果能够"前呼后应"，那就更好了。另一方面，如果能让学生当堂写一写，就更漂亮了。

作业布置比较好，但一定要本班老师来检查反馈情况。否则就是形式了。公开课也要杜绝形式主义。

连续听完这两节课后，老师们进行了深入细致地交流研讨，谈体会，谈感受，谈困惑，谈问题，谈建议。大家既肯定了两位老师的精彩之处，也中肯地指出存在的问题。这次评课的效果非常好，也很实在，这也是我一贯主张和希望的。如果教研活动特别是听评课，搞一些花里胡哨的东西，言不由衷，口是心非，那我们的听评课活动一点意义都没有了，害人害己，也就没有存在的必要了。

最后，我在点评时主要谈了以下四个方面的问题。

一是关于学生会什么，不会什么，老师心里一定要有数。老师就是要教学生不会的，会的就一定不要教。课文中有个"小外甥"，学生懂不懂，老师们压根儿就没有关注到这个问题。这是个小问题吗？不值得一提吗？很显然不是。因为五年级小孩一般只有十一二岁，他们的爸爸妈妈也都只有30多岁，爸爸妈妈也都是独生子女，很少人家里有舅舅。所以，现在的小孩对于舅舅和外甥是怎么回事，不一定清楚，老师必须要解决这一问题。我以为，不管什么学科，学生不会的就一定要教，学生会的完全可以不讲。因为老师就是要解决学生不会的问题，为他们释疑解惑，否则，要你老师还有什么用，老师就是干这个事情的。

二是关于课文中四个省略号的问题。有的人可能认为你这是在小题大做，没事找事。其实不然，这四个省略号分布在四个不同的自然段中，虽然它们都是省略号，但省略的内容和延伸的意义是不完全一样的。尽管这不是课文的重点，说实话也可讲可不讲。但一方面老师如果利用和拓展得好，也一定会出彩。另一方面，老师备课就是要站得高，这样才能看得远，否则就课文讲课文，循规蹈矩，四平八稳，就很难有精品课出现。

三是关于第二自然段的问题。在第一课时中，徐老师讲解第二自然段用了十几分钟，反复讲，讲反复，让人听着就非常着急。因为这第二自然段还不到一百字，学生也并不难懂，为什么老师要花这么长时间，教学效率确实不高。也正因为这个原因，再次启发我主张用一节课的时间，来把这篇课文上完。

四是关于以问题为导向的教学理念问题。这节课我认为可以以问题为导向，来将教学引向深入，具体可以让学生分两个阶段来读课文。首先学生自读，然后老师问同学们有没有读好，大多数都会说读好了，肯定不会有人说自己没有读好。这时，老师就可以提出若干问题。例如上面所说的"小外甥"、"省略号"等问题，学生一般都是回答不上来的，然后再让学生去精读。其目的就是要引导学生去认真读书，要会读书，真正把书读好。这节课哪怕花十分钟时间，让学生来好好读书，我认为都是值得的。有人可能提出疑问，以问题为导向可能是理科教学方法之一，文科特别是语文学科是否适合？我可以明确地告诉你，一方面这种教学方法是不分学科的。另一方面，学科之间完全可以相互借鉴，取长补短，不要有什么顾忌和害怕的。

二

再次研究

第二天，我又将我区的小学语文教研员郑玉茹老师请到我办公室来，单独交换了意见，也谈了我的一些看法。我认为，这样的课完全可以用一个课时来完成，为什么非要两个课时来上这节课呢？并希望她下个星期就来试一次。因为快要放假了，不抓紧就没有时间了。另外，还商定了上课老师和相关细节问题。最后，我还告诉她："下次教研活动我会给你一个惊喜和意外的，现在暂不告诉你，到时你就知道了。"其目的就是要让她去思考——这节课还有什么问题是值得研究的。我现在卖个关子，也留下个悬念。

小学语文我听了不少课，发现一个共性的问题，就是老师讲得太多太碎太烂，该讲的不讲，不该讲的反而反复地讲；学生不懂的不管，懂的却反复地在那里磨。这是为什么？有没有什么潜规则，我不清楚，反正我就是感觉到效率不高，也很有必要提高语文课堂教学的效益。实质上，我十多年前就有这个想法了——语文课要二课时变一课时来上。正是基于这样的原因，才有再次研究的考虑和安排。

2017年6月16日下午，时隔十天我们又一同相聚在合肥市蚌埠路第四小学，由合肥市螺岗小学的李月老师，用一个课时来将《望月》这一课上完，也是《望月》教学的2.0版（初次研讨是1.0版）。因为蚌四小五年级学生已经学过这篇课文了，李老师这次就选择四年级的学生来上课。参加这第二次研讨的老师也有好几十人，研讨的效果是非常不错的，也是值得充分肯定的。

李老师这节课的教学过程，如下表所示。

《望月》教学过程

教 学 目 标	简 要 点 评
1. 有感情地朗读课文，体会语言文字的美。 2. 营造"月亮文化"的氛围，让学生浸润其中，引导学生对语言文字进行体验、感悟。 3. 通过吟诵诗词，激发学生主动积累句子、诗词的兴趣。 4. 启发学生展开幻想的翅膀，用童心来感受和反映世界。	教学目标把握较好，让学生感悟月亮文化，激发学生兴趣，培养学生能力，都非常好。但目标主体描述不是很清晰。

教 学 过 程

一、交流导入

师：同学们好！认识我吗？不认识没关系，自我介绍一下吧，我姓李，单名一个月字。并板书——月。

我的名字是我老爸起的，猜一猜我爸爸为什么给我起名叫月？大胆猜。

生：猜想并回答（省略）。

师：你们真是我老爸的知音。我的爸爸是一名中学语文老师，他特别喜欢月亮。他希望女儿像月亮一样温婉，美好。

同学们，你们喜欢月亮吗？你知道哪些与月亮有关的故事、诗词、文章、音乐等？

生：回答（省略）。

师：咱们中国人对月亮情有独钟，咱们的故

这里的导入新课非常巧妙，也很有新意。因为老师用自己的名字来引入话题，恰到好处。

事里有月亮，诗词里有月亮，文章里有月亮，音乐里也有月亮。月亮，引发了人们无尽的想象，触动了人们无数的情思。月亮，在中国人的心里已经滋长成了一种丰富而迷人的文化。

师：今天，让我们跟随作家赵丽宏先生走上江轮甲板，在夜深人静时一起去望月。补充板书——望。

生：齐读课题。

师：看！一轮明月高悬头顶（投影出示如下图片），一切都是静悄悄的，你再读课题。

生：再读课题。（轻柔的）

师：真好！轻轻的、柔柔的、静静的月夜。

二、检查预习

师：听写生字词（安详　镀上　比喻　船舱　清幽旷远　不假思索　绘声绘色），注意把字写工整。

生：听写后，对照如下大屏幕自己批改。写错的字，订正过来。

作家情况要不要简要介绍，值得研究。课题出示分步进行效果不错。老师的板书非常漂亮。

注意生字教学，非常好。

271

安详　镀上
比喻　船舱
清幽旷远
不假思索
绘声绘色

学生养成自己订正的习惯，很有必要。

师：巡视指导。

师：这几个词的意思懂吗？理解哪个就说哪个。

生：回答（省略）。

自由选择比较好。

三、讲解新课

师：投影出示如下问题。

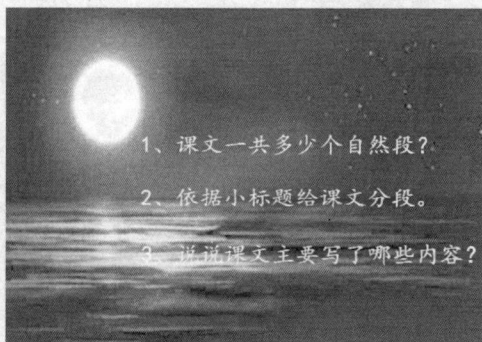

以问题为导向，非常有利于学生的学习。

1、课文一共多少个自然段？

2、依据小标题给课文分段。

3、说说课文主要写了哪些内容？

小标题见学生预习单（附后）。

生：分段并回答（省略）。

师：谁能说说课文主要写了什么？根据学生回答情况，分别板书——江中月、诗中月、心中月。

培养学生的语言表达能力，很有必要。

那就让我们按照文章的顺序先去欣赏月下江景。

272

师：配乐，范读课文的第二自然段。再投影出示如下要求。

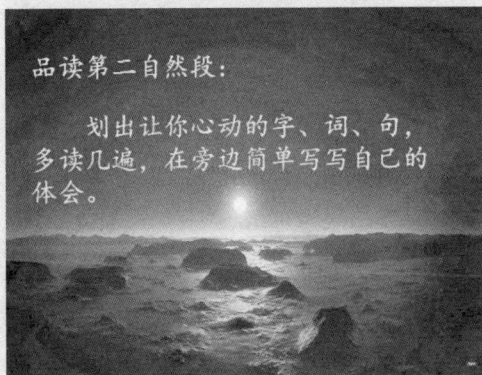

品读第二自然段：

划出让你心动的字、词、句，多读几遍，在旁边简单写写自己的体会。

生：用心用情朗读第二自然段。画出心动的字、词、句并写出体会（省略）。

师：谁来和我们分享一下你最心动的词句？

生：回答（省略）。

师：根据学生回答情况，适时引导、点拨，指导朗读。

师：投影出示如下图片，帮助学生理解"剪影"一词。

"剪影"的解释也值得研究，如上文所述。

也没有解释。

生：集体读一遍第二自然段。

师：孩子们，你们的朗读告诉我心中安详，月亮才会安详，用心观景，景物才有情感。这就叫景由心生。（板书：心）

师：月亮叫醒的不只是我，还有谁？（引出小外甥）

生：男女生分角色来读（不读旁白）。

师：月亮唤醒了哪些诗人？投影出示如下带月的诗句，你喜欢哪句？喜欢哪句就读哪句。

> 小时不识月，呼作白玉盘。——李白《古朗月行》
> 明月几时有，把酒问青天。
> 　　　　　——苏轼《水调歌头　明月几时有》
> 床前明月光，疑是地上霜。——李白《静夜思》
> 野旷天低树，江清月近人。
> 　　　　　——孟浩然《宿建德江》
> 月落乌啼霜满天，江枫渔火对愁眠。
> 　　　　　——张继《枫桥夜泊》
> 峨眉山月半轮秋，影入平羌江水流。
> 　　　　　——李白《峨眉山月歌》

生：男女生分别对有月亮的诗句——飞花令（省略）。

师：引读——诗，和月光一起，沐浴着我们，使我们沉醉在清幽旷远的气氛中。

生：齐读并回答问题（省略）。

师：创设语言情境，简要说明（省略）。

师：投影介绍作者赵丽宏的《且听先人咏明月》，如下所示。

现在老师对"飞花令"都比较感兴趣，用的也比较多，但一定要防止形式主义。

两课时用一节课来上，时间是比较紧的，添加这一内容有必要吗？这是值得商榷的。

月亮出现在中国人的诗中，绝不是单纯写景，有人望月思乡，有人咏月抒情，有人借月讽喻，不同的时候，不同的心情，不同的际遇，诗人笔下的月光便有不同的涵义。

——赵丽宏《且听先人咏明月》

师：（大声读）这就叫触景生情。（板书：情）

月亮在我的心中是安详的，在诗人们心中是多情的，在小外甥心中又是什么样的呢？小外甥把月亮比作什么？

生：天的眼睛。

师：课件演示月圆月缺，如下所示。

师：文中小外甥对月亮一共有三次想象，细心的你找到了吗？

生：回答（省略）。

师：你读出了一个怎样的外甥？读一读。（指

导朗读）

师：你心中的月亮是什么样的呢？写一写自己对月亮的遐想。

师：配乐播放月夜美景图片4—5幅，学生观看，引发灵感。

生：试写（省略）。

师：巡视指导，了解情况。

生：四名同学交流展示（省略）。

让学生写一写，这很有必要。也就是让学生去"想月"，但时间短了。

师：播放微课（内容为关于月亮的绘本故事）。

生：观看。

师：总结新课（省略），并推荐课外阅读如下。

一课时来上，就搞复杂了。

推荐阅读：

绘本《我带月亮去散步》
　　《月亮的秘密》《月亮上学了》
　　《月亮的味道》
　　《松鼠先生和月亮》
美文
　　朱自清《荷塘月色》
　　贾平凹《月迹》

推荐课外阅读材料，这很有必要，也非常好。这是公开课，如果在平时，老师一定要检查学生的阅读情况。否则，将流于形式。

下课！

超时了。

这节课上完后，老师们也进行了认真的研讨。这次研讨与以前不完全一样，因为人不多，所以人人都发言。这也是我在当教研员时的做法，更是我现在对我区教研员的基本要求。最后，我也谈了对这节课的一些看法，特别是初次研讨所留下的悬念。这个悬念是什么呢？就是小外甥对月亮的遐想。因为课文中小外甥把月亮看成了是"天眼"，那么这里老师该怎样拓展呢？即要发散思维，就可以把月亮看成是——天耳、天嘴、天鼻等。从而来丰富学生的想象，开拓学生的思路和视野，也有利于学生的作文。只有这样，我们才有可能培养出更多的李承恩、王承恩、张承恩来，也有利于学生的个性发展和可持续发展。如果这样来设计教学，那是多么的有趣和美妙呀！

要知道，李月老师的教学素养是非常高的，这节课从传统和常规的角度来讲，上得还是非常好的，也感人至深。但从我的出发点来说，我还是不太满意的，没有完全达到我预期的目的。究其原因，是因为李老师课前布置了太多的内容让学生去预习，这等于将第一课时改头换面，让学生自己去解决。我最初最原始的想法，就是用一课时来完成《望月》这篇课文的教学任务，而且课前不要增加学生任何负担，学生完全从零开始，一张白纸。在这样的情况下，老师如果还能够顺利地把课上完上好，学生也能学好，这才是这次教研活动的真正目的，也是我的希望所在。

李老师课前布置给学生的预习任务，如下表所示。

《望月》预习导学

前　　言	简　要　点　评
月亮在中国人心里有着圣洁的地位，中国人对月亮有着独特情怀，请你搜集一首与月亮有关的中国乐曲（　　　　），一篇与月亮有关的中国作家写的文章（　　　　），一首与月亮有关的中国诗词（　　　　），一个与月亮有关的中国故事（　　　　）。	这个设计太妙了，体现了老师的良苦用心，有利于学生的知识拓展和丰富。
预 习 要 求	
一、认真朗读课文，完成以下题目　**家长评价：** 　　1. 把课文读通顺、流利。（起步 5 遍）	重视学生的朗读和书写，这非常好。

2. 画出课文中的生字词与第 3 小题中的词语，并学会正确书写。（上课时准备田字格本，报听写）

3. 查词典，解释带点的字及词语意思。

安详：

清幽旷远：

不假思索：

绘声绘色：

镀：

让学生养成查字典的习惯很有必要。

二、理清文脉，概括大意　　家长评价：

1. 给课文标上自然段序号。

2. 请你按照"月下江景、月下对诗、月下幻想"将课文分成三个部分。

3. 试着用一句话概括课文主要内容。

课文围绕"望月"，先写了 _____，接着写了 _____，最后写了 _____。

让家长参与其中，很有创意。但加重了学生家长的负担。

培养学生的概括能力，这非常好。

4. 你最喜欢哪个部分？多读几遍，读出自己的感受。

培养学生的语言表达能力和思维能力，这很重要。

三、我是积累小能手　　家长评价：

1. 熟练背诵书上出现的古诗句，在诗句后写上诗人、朝代、诗的题目，并将古诗补充完整。读一读，悟一悟每句诗都藏着诗人怎样的情感？

2. 查找资料，写出带有"月"的古诗句，背下来。看谁找的多，背得快！（不够写，可以写在预习单的背面）

古诗句积累很有必要，也非常好。

这个设计非常好，有利于培养学生的能力和可持续发展。

这样的预习设计可谓是用心良苦，体现了老师的教学素养和教学理念。从一堂常规课来说，没有问题，也很有必要。但从这次教研活动的目的来说，从我的出发点来讲，还是存在一些问题的。主要表现为以下几个方面：首先，从教学改革的角度来看，这样预习的好处还真的看不出来什么，可能唯一的好处就是有利于教师的公开课教学。也就是说，学生的课前学习，是为老师展示服务的，而且还把家长给捆绑了，家长也成为语文老师了。其次，预习这么多内容要多长时间，少说也要二三十分钟。如果每门课每天都让学生来这样预习，那还了得，不把学生累死才怪呢！我一贯认为，老师你有本事就在课堂上来解决问题，预习也可以放在课内，不要放在课外来增加学生的负担。再次，课前预习，学生如果什么都知道了，上新课还有什么意思，那也不叫上新课了，而应该是旧课、复习课才对。实质上，上公开课时，学生一片空白最好，这样上出来的课才最真实最有效，也最有味道。最后，这样的教学处理，等于将第一课时的有关内容移到课外去了，与我当初的教研目的也是不相符的。我的出发点，就是要将传统的第一课时与第二课时整合在一起，用一个课时来上完，要在不加重学生任何负担的前提下，来提高课堂教学的实效性。

这第二次研讨，让我也很后悔，没有达到我预想的目的，也是我的失误，我完全没有估计到老师课前渗透那么多内容，学生要准备那么复杂。当然这不能怪李老师，对于她来说这非常正常。只能怪我自己，这是我事前所没有想到和提醒的，从而让这次教研活动大打折扣，也出人意料，我也很自责。

第二天，我又将郑玉茹老师请到我办公室来，再次谈了我的真实想法，并希望她下学期针对这节课再研讨一次，而且课前老师一点东西也不要渗透，学生脑子里面一片空白最好。我就想真实地看一看一节课到底能不能上完，学生学得又到底怎么样，这种方法可行还是不可行。

有人可能要问，两个课时的课为什么要用一课时来上呢？多出来的课时干什么呢？我告诉你，多出来的课时干什么，就是要让学生去多读书，大量地阅读名著名篇。实质上，语文教学很简单，让学生把字认得了，再会写，然后就让他们去多读就行了。学生阅读量大了，一切问题都能解决，到那时就不需要你老师教什么了。中国的语文教学我一贯认为，老师们把它教复杂了。这里不否认语文老师的辛苦付出和责任心，但好心不一定能够得到好报。我认为，语文老师要创新教学。挤出来的上课时间，重要的是要干好四件事：读书、写字、朗读、演讲。这也是我们现在语文教学和学生所缺乏的，不利于学生的可持续发展。

"读书"就是指，要让学生大量自由地阅读一些课外书籍，尤其是经典名著名篇，积累学生的阅读量，这样才能厚积而薄发，也就不愁学生成绩上不去了。语文教学没有那么复杂，因为它不是你教出来的，而是学生读出来的。"写字"就是要让学生把字写好、写漂亮。随着电脑的普遍使用，现在很多人都不会写，也写不好字了。写好字是继承中国优秀传统文化的必要条件，一手漂亮的字，对于孩子走向社会是多么地有用呀。就让我们老师努力让每个孩子能写一手漂亮的字吧。"朗读"就是要把文章读好，把普通话讲好，说话就像中央电视台播音员那样好听。现在有多少学生能读好报纸，读得标准、漂亮和好听，真的不好说，但至少我是不乐观的，这是我们语文老师的责任，不可推卸。最后是"演讲"，这是一个很大问题，几乎被我们语文老师给遗忘了，也确实让人担忧。演讲很能展现一个人的素养和水平，对学生的终身发展是非常有益的，也不可或缺。一个善于演讲的孩子，走上社会一定是一个自信、阳光的人，亲和力、感召力就会很强，也一定能成就大业。你看，就是现在的成年人，有多少人能在公开场合讲好话，就是不少领导干部在台上都不能把话说好，这是一件多么遗憾的事情。如果我们语文老师，能够从小锻炼学生经常在公开场合演讲，那情况将大不一样了，必将终身受益。这四点对于语文教学实在是太重要了，可惜却被我们忽视了。

不对！有人可能会问为什么没有"作文"？难道作文不重要吗？其实不然，作文非常重要，我们语文老师对于学生写作文还是非常重视的，也下了很大功夫，但效果可想而知，大家也心知肚明。我们的作文教学问题最大，主要原因就是，为了作文而作文。作文教学其实也很简单，也没有什么秘密。非要说有秘密的话，那就是一定要让学生去多读课外书籍。正如杜甫所言，"读书破万卷，下笔如有神"。一点都不假，学生阅读量上去了，想写不好都难。其实学生的作文水平，也不是你老师想教就能教得出来的，它实质上也是学生读出来的、悟出来的。学生只要书读多了，自然就能把作文写好。我们千万不能为作文而教作文，教什么作文的技巧，那只能是自欺欺人，也必然事与愿违。所谓的作文技巧，也许一时能提高分数，但终归是不管用的，是保不了学生一辈子的。从另一方面来讲，学生书读多了，理解能力自然也就强了，他们的数理化成绩也一定能有所提高。因为作文教学与读书有关，所以这里就没有单独把作文提出来，而只讲四个方面存在的主要问题，希望能够引起语文老师的足够重视。

我始终认为，中国的课堂教学还存在不少问题，各个学科都有，但就是语文教学存在的问题最多也最大。我们必须要把握好大方向，大胆地进行颠覆性教学改革，否则我们的语文教学就没有希望，我们的教育就没有希望。因为语文教学实在是太重要了，永远摆在第一位的，它是"牛鼻子"。不把语文教学搞好，学生的发展就很艰难。我们的语文老师，千万不能再抱着教材不放了，一定要给足够的时间和空间，扎扎实实做好上述四件事。

总之，语文教学的改革我虽然做不了什么，但我的心是热的，是真的，是急的，我只能呐喊，从而唤醒大家的良知。可能大家不一定都认可我的这一观点，要让大家都认可，那也不现实。但只要有少数人能够认可，哪怕有一个人去大胆地创新和实践，我也就知足了，不奢望太多。假如一个人都没有响应的话，那我只能继续不停地呼吁和呐喊了。

三

最终情况

2017 年 9 月 26 日下午，新学期瑶海区小学语文第一次教研活动在合肥市滁州路小学如约而至，是由合肥市胜利路小学高茜老师和合肥市行知学校赵俊友老师，用一课时来进行《望月》的教学尝试，这是《望月》教学研究的 3.0 版，也是上学期教研活动的延续。来自全区各校近百人参加了本次活动，最后大家也进行了交流和研讨。我自始至终参与了本次教学研讨活动，欣喜地看到两位执教老师对教学的深入研究和大胆创新。本次教研活动取得了圆满成功，达到了预期目的。

这两节课精彩的教学环节和片断的比较，如下表所示。

《望月》教学环节和片断的比较

高 茜（女）	赵俊友（男）

激 趣 导 入

师： 播放《中国诗词大会》"月"字飞花令视频。（板书——月）

生： 观看。尝试飞花令对月诗。

师： 夜晚，作家赵丽宏和小外甥在江轮甲板上望着夜空那一轮皎洁的明月，饶有兴致地吟起了诗。（补充板书——望）

师： 课件出示课文中六句描写月亮的诗句（省略）。

生： 你一句、我一句来背一背。

…………

师： 课件出示词句（省略）。诗和月光一起，沐浴着我们，让我们沉醉在清幽旷远的气氛中。

师：（引读课件语句）那在作家赵丽宏的笔下，又有一轮怎样的明月呢，让我们走进望月。

生： 齐读课题——望月。

师： 词语是有意思的，而且很多词语的意思是可以用表情和动作来表现的。例如"高兴"、"悲伤"、"手舞足蹈"、"摇头晃脑"等。老师请一个同学来表演"高兴"。

生： 表演。

师： 这多有意思，希望同学们在读书时也能用动作和表情来表现词语的意思。

…………

师： 今天我们来学习一篇新的课文，板书《望月》。

—— "望"的第一笔点要往里靠，"月"的第一笔是竖撇，要先竖后撇。

生： 先观察老师板书课题，再按要求书写"望月"。

…………

生： 齐读课题——望月。

整 体 感 知

生：快速浏览课文。

师：想想作者围绕望月写了哪些内容？

…………

师：引导学生概括小标题——月下江景、月下对诗、月下想象。

生：自由朗读课文。

师：这篇课文写了"我"和小外甥在月光下都做了哪些事？

生：交流看法（省略）。

师：根据学生回答情况，板书如下。

眼中月、诗中月、心中月

精读"江中月"

生：自由地读一读第二自然段。

师：指名读，并简要点评。

生：再默读课文第二自然段。

师：课件出示默读要求（省略）。

…………

生：交流汇报读书感受（省略）。

师：随机指导理解"镀"的意思，并指导美读。

…………

师：既然是江中月，就一定和"江"有关。找一找带有"江"的词语。

生：回答（省略）。

师：课件出示五处带"江"的词语如下。

生：自由读第二自然段。

…………

师：解释——芦荡、剪影。

…………

师：再读"眼中月"，发现什么问题吗？（引导学生体会"洒"的意境美）

生：默读课文。

生：交流，体会"洒"的意境美。

师：像这样用得妙的字词还有哪些，请同学们再次默读，圈画出来。你觉得妙在哪里？

月亮出来了，安详地吐洒着它的清辉。月光洒落在长江里，江面被照亮了，流动的江水中，有千点万点晶莹闪烁的光斑在跳动。江两岸，芦荡、树林和山峰的黑色剪影，在江天交界处隐隐约约地伸展着，起伏着，月光为它们镀上了一层银色的花边……

…………

师：配乐范读。

生：再读。

师：从"眼中月"里，你品出的是一个什么字？

生：美（师板书）。

…………

师：云淡风轻的夜晚，我悄悄地来到江轮甲板上，抬头仰望……低头凝望……放眼眺望……

生：一人读一句。

师：写作顺序是——从上到下，从近到远来写的。

师：投影出示朱自清《荷塘月色》、冰心《寄小读者》描写月亮的片段（省略）。

生：尝试背诵（配乐）。

…………

品读"诗中月"

（导入部分师生对读，营造诗意氛围，此处略。）

生：老师和学生对诗（省略）。

师：从"诗中月"里品味的是一个什么字？

生：情（师板书）

…………

推想"心中月"

师：你心中的月亮像什么呢？

生：回答（省略）。

师：投影出示冰心、巴金所说的如下。

冰心奶奶说，月亮是静美的母亲，在她的怀里，梦也香甜。

巴金爷爷说，月亮像一面镜子，映出世间的悲欢离合。

…………

师：有人说，望月望的不是一个月，而是三个，一个在江中，一个在（　　　），还有一个在（　　　）。

生：回答（省略）。

师：又有人说，所望的三个月亮，有的是作者的想象所得，有的是作者的观察所得，而有的则是作者的回忆所得。

…………

师：同学们，一篇文章就像天上的一个月亮，每个人对这篇文章的不同解读，就像是倒映在江中的月亮。这就叫——

生：读一读"心中月"。看看小外甥的心中月和实际有什么联系？

…………

师：投影出示如下图片。

师：从"心中月"里我们又读出了一个什么字？

生：趣（师板书）。

…………

师：我们用一节课时间，品味"眼中月"的美，体会"诗中月"的情，感受"心中月"的趣。千江有

水千江月，人人有情月有情。

生：千江有水千江月。

　　这两节课的教学目标是明确的，思路也是清晰的，教学过程有特色有亮点，重难点的把握也很到位，非常有利于学生的学习。两位老师都能够创造性地对文本进行重构，让学生真正感受月夜美景，并展开丰富的想象。在教学过程中，老师注重语言积累，注重情趣感悟，注重生活体验，注重有效互动，注重方法引导，课堂教学效率比较高，教学效果也是好的。

　　总之，将《望月》一课用一课时来上完，是一次全新的、大胆的教学尝试，是一次成功的教学创新，也是一次教研工作的创新，实现了预期的目的，教学和教研的效果都是非常好的，也值得推广。

结尾诗

教学创新不畏难，
四位老师来试验。
语文课堂要改革，
当务之急提效益。
望月为家不羡仙，
把握重点倡调研。
三轮尝试各千秋，
诗情画意驻心田。

第十七课　创新教研

前一课介绍的是创新教学的问题，实质上，这次创新教学，也是一次教研活动的创新。下面，就来具体介绍一下有关创新教研的问题，供读者参考。

一

最初想法

到今年，笔者已从教 35 年整，其中 25 年从事中小学教研工作，可以说，和教研结下了不解之缘。就是在担任区教育局领导期间，也从未脱离过教研工作，一直坚持深入课堂开展听评课活动，每学期都要听几十节课。多年的教研经历，让我深刻地认识到，在基础教育阶段，不同学科之间的相互学习和借鉴，对中小学教师的专业发展和教学质量的提升有着重要的意义。

十多年前，我就提出"跨学科听课"的问题。不仅自己带头跨学科开展听评课活动，还鼓励我的同事和老师们也要跨学科听课。2006 年 12 月 29 日，那还是我在担任区教研室主任的期间，教研室就组织过一次非常有意义的教研活动。当时是在合肥市第三十八中学，教研室全体教研员和 44 名兼职教研员，共同听了中学音乐、美术、历史和数学四个学科的课，然后大家在一起交流和研讨。尽管当时组织这次活动是一次兼职教研员的业务考核，也只是偶然间开展了一次不同学科融合教研的活动，但不同学科之间的相互学习是不容否定的，这也是我当时的出发点之一。

2008年5月24日，我明确提出："广泛听课和大胆评课是县区级教研员专业发展的重要途径之一。"这里的广泛听课，也就是指跨学科开展听评课活动。对于教研员来说，既然跨学科开展听评课活动非常有好处，那么，对于老师们来说，跨学科参加教研活动也同样是有好处的。正是基于这样的实践和思考，本学期开始，我区就正式从小学开始，尝试开展跨学科教研活动，希望能从中得到更多的收获和感悟。

二

首次尝试

2017年10月16日下午，我区举行小学语文、数学学科融合教研活动，这是我区小学语文和小学数学两个学科的骨干教师联盟携手共同开展的一次教研活动。本次教研活动的主题是——"理性与审美碰撞，情趣与思维共生"。小学语文和数学这两个学科，同年级同班级开展课堂教学研讨活动，旨在引领教师跨越学科界限，以更高更广的视角审视学科教学和教师发展问题，以及共同探索学生核心素养的培养问题。

全区有几十位教师代表，观摩、学习并参与了本次研讨。合肥市教科院小学语文教研员刘学山老师和小学数学教研员李萍老师，冒着大雨来我区指导教研工作。本次研讨活动，也让我受益匪浅。

这次教研活动，是在四年级同一个班分别上语数两节课，第一节是由合肥市郎溪路小学孙德勇老师来上语文课，课题是《桂花雨》。孙老师立足散文文体特点，架构文本整体阅读，营造诗情画意，在依托学生生活体验的基础上，引领学生走入文本，感悟人文情感。第二节课是数学课，是由合肥市琥珀名城小学丁元春老师执教的《可能性》，他充分尊重学生的主体地位，巧妙铺设探究环节，引导学生在一次次探究中学会感受、描述、判断各种"可能性"。这两节课精彩纷呈，引发听课老师们的热议。大家一致认为，两位青年教师教学基本功扎实，课堂教学各具特色，充分展示了语数两学科的不同特点，彰显小学语文和数学两学科作为一节好课的共同点。

那就是：创设富有情趣的学习情境，把学习探索的过程还给学生，充分丰富学生的体验，引导学生感受、理解，提升学生思维能力和表达能力，也给听课老师进一步研究课堂教学，带来许多新的启示。

两位市级学科教研员对我区开展的这次教研活动，给予了充分肯定和高度赞扬，并认为这样的活动在合肥市也是首创，意义深远。

"长风破浪会有时，直挂云帆济沧海。"在合肥市郎溪路小学这样一所美丽的校园里，在这样一次创新教研活动中，全体参与听评课的老师共同感受不一样的教研，将带来不一样的发展，心中也升腾起对教研和教学的热爱和信心。

三

教学对比

下面，就来看一看四年级语文课《桂花雨》和数学课《可能性》，这两节课具体的教学过程对比情况，如下表所示。

语数两节课教学过程的对比

小 学 语 文	小 学 数 学
教 学 目 标	
1. 正确、流利、有感情地朗读课文，读出桂花的"香"与摇花的"乐"。 2. 理解文中母亲说的"外地的桂花再香，还是比不得家乡旧宅院子里的金桂"这句话的意思，并从	1. 能根据条件用"一定""可能""不可能"定性描述简单事件发生的可能性； 2. 能说出一个简单事件所有可能发生的结果，判断简单随机事件发生的可能性大小；

中体会作者表达的浓浓思乡之情。

3. 在摸球、摸牌、抛硬币等活动中，感受简单随机现象。

一、创设情境导入

师：老师想和大家分享一首诗——余光中的《乡愁》。

课件出示如下，教师配乐朗读。

乡愁

小时候，
乡愁是一枚小小的邮票，
我在这头，母亲在那头。
长大后，
乡愁是一张窄窄的船票，
我在这头，新娘在那头。
后来啊，
乡愁是一方矮矮的坟墓，
我在外头，母亲在里头。
而现在，
乡愁是一湾浅浅的海峡，
我在这头，大陆在那头。

师：听完整首诗，你有什么感受？

生：作者非常思念自己的亲人，思念家乡。

师：今天我们学习一篇同样是抒发思乡之情的散文（板书：桂花雨）。

生：齐读课题。

师：散文如诗，散文如画。当读到"桂花雨"三个字时，你的眼前浮现出了什么画面？

一、认识可能性

师：同学们，今天丁老师带来了一些礼物，出示各种颜色的球。

生：亲手摸一摸。

师：什么感觉？感觉怎么样？

生：大小一样，颜色不同。

师：从中选出一些分别装进三个袋子里，课件出示如下，你看到了什么？

生：第一个袋子2个红球，第二个袋子2个绿球，第三个袋子红球和黄球各1个。

1. 认识"可能"

师：现在有一张足球赛的门票，小明和小红都想去，他们采用摸球办法来决定。摸到红球小红去，摸到黄球小明去。你会推荐他们到第几个袋子里去摸？

生1：我仿佛看到桂花如雨一般落下，纷纷扬扬。

生2：我仿佛看到作者在树下摇起桂花树的快乐情境，闻到了阵阵的桂花香。

师：今天这节课我们和琦君一起去感受这场美妙的《桂花雨》。

二、初读课文，整体感知

生：自由读文。（要求：读准字音，读通句子；思考课文主要写了什么内容。）

指名学生回答：

生1：课文写了作者回忆童年摇桂花的趣事。

生2：课文写了作者对家乡桂花的喜爱。

生3：课文写作者喜爱桂花，回忆了摇桂花的情景，表达了作者思念家乡的情感。

三、品词悟句，体会感情

1.体会桂花之香

师：作者为什么独爱桂花？这桂花树到底什么样？投影出示如下。

生：第三个袋子。

师：为什么？

生：因为这个第三个袋子既有红球也有黄球。

师：如果我们任意摸一个球，会是什么颜色？

生1：两种都有可能。

生2：可能是红球，也可能是黄球。

师：真不错，我发现他有一个词用的特别专业，你们听出来了吗？

生：可能（老师板书：可能）

生：分组进行摸球实验。

师：为每个小组准备了一份实验材料，每个小组在小组长的组织下，按顺序依次摸球（不准看），每次摸之前都要把球搅乱，摸出后把颜色记录在实验材料一的表格中，然后把球放回去。一共摸10次。

生：学生分组实验，并在黑板上用红黄两色磁钉展示结果。

师：观察结果，你有什么发现？

生1：每个小组都摸到了红球和黄球。

生2：有的小组摸到的红球多，有的小组摸到的红球少。

师：请划出描写桂花树的句子。

生：交流圈画语句（师相机出示语句如下）。

　　桂花树不像梅花那么有姿态，笨笨拙拙的。不开花时，只是满树茂密的叶子；开花季节，也得仔细地从绿叶丛里找细花。

生：朗读。

师：如果只看它的花树和它的花形，美吗？可琦君为什么喜欢这桂花树呢？

生：因为桂花很香。

师：投影出示如下语句。

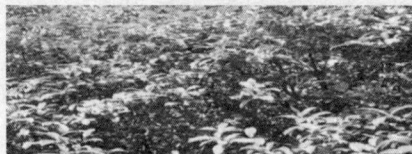

　　桂花树不像梅花那么有姿态，笨笨拙拙的。不开花时，只是满树茂密的叶子；开花季节，也得仔细地从绿叶丛里找细花。桂花不与繁花斗艳，可是它的香气味儿真是迷人。

生：朗读。

师："迷人"什么意思？

生：指令人陶醉、着迷。

师：可是在摸之前，你能确定摸出的是什么颜色吗？

生3：不能。

师：能不能确定哪一次一定摸到红球，哪一次一定摸到黄球呢？

生4：也不能确定。

师：继续观察，你有什么发现？

生5：有的小组摸到红球多，有的小组摸到的黄球多。

师：每个小组在摸之前能确定一共会摸出多少次红球或黄球吗？

生6：不能确定。

师：每个小组摸到红球和黄球的次序是不是一样的呢？

生7：不一样。

师：如果现在每个小组再摸一次，结果会和刚才的结果一样吗？

生8：可能一样，也可能不一样。

师：通过分析我们不难发现——在有红球也有黄球的袋子里，任意摸一个球，虽有可能摸到红球，也有可能摸到黄球。但每次摸之前，会摸出什么球，是不确定的。而且之前的摸球情况，也不会影响后面的摸球结果。

师：请读出桂花的香气来，读出作者的陶醉之情。

生：入情朗读（教师赞扬激励）。

师：还有哪些语句描写了桂花香气的？

生：回答后（教师出示如下）。

> 桂花开得最茂盛时，不说香飘十里，至少前后左右十几家邻居，没有不浸在桂花香里的。
>
> 浸：泡，使渗透

师：你怎么理解"香飘十里"？

生：是说桂花的香气一直飘到很远很远。

师：这花香飘散的范围多广呀，十几家都浸在花香里。

（出示"浸"）这个字带有"氵"，说明和"水"有关，字典中给出的意思是——"泡在液体中"，谁能说说生活里的例子。

生1：比如说我喜欢阅读，翻开书仔细读，整个人就浸在书香里。

师：你对"浸"的意思有了更深的了解，不过没有听清老师的要求。一般情况下，你们见过什么"浸"在水里？

生2：洗衣服时衣服全部浸泡在

2. 认识"一定"和"不可能"

师：怎么没有人推荐小明和小红到第一个袋子里摸？

生：从第一个袋子里摸出来的一定是红球。

师：课件出示如下。能不能确定摸到哪一个红球呢？

生1：不能。

生2：可能是1号，也可能是2号。

师：不管是1号还是2号，结果——

生：一定是红球。（老师板书：一定）

师：怎么也没有人推荐到第二个袋子里摸？课件出示如下。

生1：摸出的一定是绿球。

生2：第二个袋子里是两个绿

水中。

师：那么，课文里的"浸"是指什么意思呢？

生3：是指大家都陶醉在花香中。

生：体会"浸"的表达效果（老师指导读）。

师：引出第四段中的句子，出示如下。

全年，整个村庄都沉浸在桂花香中。

师：这里的桂花为什么全年都香？

生：自由读第四自然段，并谈体会。

师：投影出示如下，并小结（省略）。

师：学生和老师一起吟诵上句。

2.感受摇花之乐

师：陶醉在桂花的香气里，最令作者感到快乐的是——摇桂花了。请同学们自由读课文第三自然段，

球，摸出的不可能是红球，也不可能是黄球。

师：不管摸到的是1号还是2号，结果——

生：一定是绿球。

师：可能是红球吗？

生：不可能（老师板书：不可能）。

3.回顾小结

师：回顾刚才的实验以及学习的过程，你有什么收获和体会？

生：从第一个袋子里摸出的一定是红球。从第二个袋子里不可能摸出红球，也不可能摸出黄球。从第三个袋子里摸出的可能是红球，也可能是黄球。

师：像这样，有些事件发生与否是确定的，要么一定发生，要么不可能发生，这样的事件称为确定事件（板书：确定事件）；有些事件发生与否是不确定的，可能发生，也可能不发生，这样的事件称为不确定事件（板书：不确定事件）。下面，我们重点研究不确定事件的可能性。（板书课题）

二、体验可能性大小

师：刚才的摸球实验好玩吗？还有更好玩的，想不想玩？

从哪些语句中体会到了作者摇桂花的快乐？

生：自读后交流（师相机出示语句如下）。

"摇桂花"对我是件大事，所以老是缠着母亲问："妈，怎么还不摇桂花嘛！"

师：指名学生朗读。

师：我听出，这个"妈"被你拉长了，这是为什么？

生：我这是撒娇，这样妈妈就会同意。

师：还有不同的读法吗？

生：（撅着嘴，摇着妈妈的胳膊）再读。

师：不仅声音上和平时不同，还有动作和神态。这就是"缠"字透露出来的情景。同学们，一起再来"缠一缠"妈妈。

生：齐读。

师：出示如下。

这下我可乐了，帮着在桂花树下铺竹席，帮着抱桂花树使劲地摇。桂花纷纷落下来，落得我们满头满身，我就喊："啊！真像下雨，好香的雨啊！"

1.判断可能的结果

师：投影出示如下。如果把这4张扑克牌反扣在桌子上，打乱次序，任意摸1张，可能摸到哪一张？有几种可能？

生：思考、交流（省略）。

2.认识可能性大小

师：把红桃4换成黑桃4，从中任意摸出1张，可能摸到哪一张？可能出现的结果有几种？

生：回答（省略）。

师：为什么换了一张牌，可能的结果还是4种？

生：回答（省略）。

师：摸到红桃的可能性大，还是摸到黑桃的可能性大？

生：摸到红桃的可能性大。

师：为什么？

生：回答（省略）。再实际摸一

师：这句话中，哪里让你感受到了我摇桂花的快乐？

生1："落得我们满头满身"，好像整个人都被花香包围了，特别开心。（读出快乐）

生2："帮着在桂花树下铺竹席，帮着抱桂花树使劲摇"，从这里可以看出作者快乐地手舞足蹈。（手舞足蹈地读一读）

生3："我就喊"，从"喊"和后面的"感叹号"可以看出作者的兴奋。（兴奋地读一读）

师：投影出示如下，并配乐朗读。

"摇桂花"对我是件大事，所以老是缠着母亲问："妈，怎么还不摇桂花嘛！"母亲说："还早呢，没开足，摇不下来的。"可是母亲一看天空阴云密布，云脚长毛，就赶紧吩咐人提前"摇桂花"。这下我可乐了，帮着在桂花树下铺竹席，帮着抱桂花树使劲地摇。桂花纷纷落下来，落得我们满头满身，我就喊："啊！真像下雨，好香的雨啊！"

师：小结（省略），并投影出示如下。

儿童解得摇花乐，
花雨缤纷入梦甜。

摸，一共摸30次，并记录在如下表格中。

统计各组数据

摸到红桃的次数	摸到黑桃的次数

师：摸到红桃的可能性大，并不代表摸到红桃的次数就一定多。摸到黑桃的可能性小，可能性小的事件也有可能发生。

师：当实验次数很多时，你有什么发现？

生：回答（省略）。

师：当实验次数足够多时，摸到红桃的次数就会比摸到黑桃的次数多。也就是摸到红桃的可能性大。从这里可以看出，事件发生的可能性是有大小的。（板书：可能性有大小）

三、巩固提升，沟通联系

师：接下来我们将玩一个更有挑战性的，有没有信心？

师：课件出示如下（6个红球、2个黑球、2个绿球、2个蓝球）。装生：一起吟诵上句。

师：是呀，桂花香，摇花乐，都是那样让人回味无穷，难怪父亲诗兴大发，再出示如下。

生：齐诵。

> 细细香风淡淡烟，
> 竞收桂子庆丰年。
> 儿童解得摇花乐，
> 花雨缤纷入梦甜。

3.感悟思乡之情

师：母亲喜爱桂花，作者深知这一点，每次回家，他总要捧一大袋桂花给母亲，可母亲却常说："外地的桂花再香，还是比不得家乡旧院子里的金桂。"出示如下，教师引读。

> "外地的桂花再香，还是比不得家乡旧宅子里的金桂。"

师：为什么说"外地的桂花再香，还是比不得家乡旧宅院子里的金桂"呢？

生：回答（省略）。

师：补充资料，配乐诵读介绍如下。

师：关注琦君一家漂泊的历程，

6个球到袋中。

装球要求：

往袋子里装6个球，要求从中任意摸1个球，可能是红球。

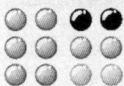 

生：交流看法（省略）。

师：投影出示如下，并分析讲解。

师：根据摸到红球的可能性大小，可以怎样给这些装法"排排队"？为什么？

生：发言后，大屏幕上呈现如下。

一定 ← 大 —— 可能性 —— 小 → 不可能

师：小结（省略）。

师：课件出示如下。

正面　　　　反面

师：硬币抛起后落下，朝上的面有几种可能？正面朝上的可能性大，

你有什么想说的？作者母亲所说的那句话，想要表达什么？（指导读好课文中母亲的那句话）

生：回答（省略），并读母亲的那句话。

三、课堂小结

师：总结（省略）。

《乡愁》和《桂花雨》同样是思乡之情的表达，发现有什么不同之处？

生：回答（省略）。

四、推荐阅读

琦君散文集《桂花雨》

下课！

还是反面朝上的可能性大？为什么？

生：可能正面朝上，也可能反面朝上，正面朝上与反面朝上的可能性相等。（板书：可能性相等）

生：实验——将硬币抛10次，交流实际结果（省略）。

师：投影出示科学家抛硬币实验，如下所示。

试验者	总次数	正面	反面
蒲丰	4 040	2 048	1 992
费勒	10 000	4 979	5 021
皮尔逊	24 000	12 012	11 988
罗曼诺夫斯基	80 640	39 699	40 941

师：观察科学家的实验数据，你有什么想法？

生：回答（省略）。

师：课件出示如下。

4位数学家抛币试验结果统计图

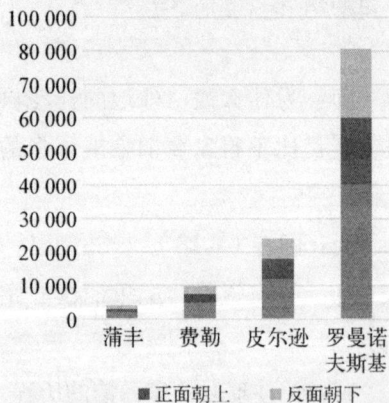

■ 正面朝上　■ 反面朝下

师：观察条形图，你有什么发现？

生：回答（省略）。

师：抛起的次数足够多时，正面朝上和反面朝上的次数总在一半上下极小幅度摆动。

可能性相等，就存在于大量重复实验所反映的规律之中。

下课！

四

思维碰撞

语文课诗情画意，语文课堂充满人文性。听语文课，能够体验到语文教师诗一样的语言魅力，他们努力创设生活化的情境，通过品读感悟文本，让学生体会作者要表达的思想情感，让生命之火、情动之焰在学生与文本、学生与学生、师生之间互相激发，互相点燃，让生命的激情相互感召，让生命的价值相互赞叹。而数学课则闪耀着理性的光芒，数学课堂强调逻辑性。听数学课，能够让听课教师感受到数学思维的缜密。数学课堂上老师非常重视学生自主学习和探究能力的培养，通过设计生活化的情境，让学生充分参与到探究活动之中，动脑、动手、动口，多种感官参与学习活动，从而有效达成教学目标，让学生受益良多。

语文，承载着太多的使命和责任。培养语感、发展思维、提高言语能力、丰富精神世界、传承民族文化。由此可见，语文课千头万绪，听说读写。语文是工具，需要学习和训练，需要运用和积累；语文又是人文生活，就要有情感、有审美、有文化积淀。语文课必须归真反璞，大道至简，体现一种简约之美。学生的多读、多思、多问、多写，是最重要的语文实践，是实现语文积累，提高语文学习的文化品位的基本途径。只有这样，才能扎实而有效地促进学生的发展。

数学知识的内涵十分丰富，密切的联系、严密的数理、抽象的概念、恒定的规则等，都是数学内容的理性表达。数学家吴文俊在谈数学教育改革时就说过："学校里给的数学题目都是有答案的，已知什么，求证什么，都是清楚的，题目也一定是做得出的。但是将来到了社会上，所面对的问题大多是预先不知道答案的，甚至不知道是否会有答案。这就要培养学生的创造能力，学会处理各种实际数学问题的方法，但要做到这点，光凭逻辑推理是不够的。"（见《数学教育不能从培养数学家的要求出发》）数学学习自然要和数学的特点相适应，依靠学生的理性思维来达到对数学知识的实质性理解，培养学生的创造力。

所以，跨学科开展教研活动非常有意义。

五

不谋而合

2017年12月25日下午，我又参加了在合肥市郎溪路小学举行的"五校联盟"活动。一开始我并不清楚他们活动的内容，因为要支持学校工作，我就随教研员一起去了。到学校之后，才知道他们共上两节课，第一节是四年级书法（参见第七课），第二节是四年级的美术课。我甚为惊喜，这不也是在跨学科开展教研活动吗！学校可能是无意的，但与我的愿望也是不谋而合的。真是踏破铁鞋无觅处，得来全不费工夫，更希望能无心插柳柳成荫呀！

实质上，我区教研工作有很多创新之举，大家不仅开展过跨学科教研活动，而且还创造性地开展了其他一些教研活动。例如十多年前，就开展过同课异构教研活动，要比新课改还要早好几年呢，只不过那时还没有这个名词而已。另外，还开展过跨学段教研活动、中小学学科衔接教研活动、幼儿园和小学的对接教研活动、初高中互动教研、连续两课时教研活动、同一课题多人来上、同一课题反复多次教研和理科老师共同教研等活动。由此可见，教研活动只有不断创新才有生命力，才能适应时代发展的需求，才能更好地促进教师的专业发展，提高教学质量，从而为学生的学习和发展服务。

六

教研感悟

新课改之初，教育部颁布了《基础教育课程改革纲要（试行）》，明确指出："改变课程结构过于强调学科本位、科目过多和缺乏整合的现状，整体设置九年一贯的课程门类和课时比例，并设置综合课程，以适应不同地区和学生发展的需求，体现课程结构的均衡性、综合性和选择性。"在推进"课程综合化"的今天，在倡导民主、开放、综合的课程理念背景下，必然强烈地冲击着学校分科课程的地位，这样也就不可避免地对传统的分学科教研提出了挑战。分科课程下的传统分科教研，由于学科间缺乏必要的联系与整合，所暴露出的局限性也就日益明显。因此，基于新课改理念下的跨学科教研活动的实施，也就有其必然性。

跨学科教研活动的开展，目的就是要求教师要打破原有的学科界限，重构教研活动新机制，打造教研新团队，搭建教师专业发展的新平台。不同学科间相互开放、互相学习、共同探讨、协同教研，就是要解决教学、教研理论和教学实践中的问题。通过借鉴吸收其他学科教师的教学方法与经验，密切注意不同学科知识之间的联系与整合，在强化教研活动功能的同时，实现教师自身专业素养的不断提升。同时，也能够有利于学生加深对知识的理解与掌握，进一步促进学生综合素质的全面发展。

跨学科教研表现为开放性、互动性、创造性、合作性和差异性等特征。开放性是指在跨学科教研活动中，老师们能充分打开思路，拓宽教研视野。"跨"的本身就具有开放性，它要求教师能以一种开放性的眼光，去审视其他学科的教学，吸收其他学科教师的教学方法与经验，取长补短。互动性是指，因为开放性是跨学科教研的重要特征之一，它改变了传统分科教研老师们互动相对狭隘的缺陷，它更加强调教师与教师、学生、教材和教法之间的互动与联系，并在互动中实现多种视界的对话、沟通、汇聚和融合，从而产生新的视界，促进自身的专业成长。创造性是指，跨学科教研是对传统分科教研的重大突破，因此在教研内容、教师思维、教研组织形式等方面，无不蕴藏着创造性，碰撞出思想的火花，从而引发教师对深层次的教育观念、教学理念进行深入的思考，实现观念更新和行为方式转变的有机统一。合作性是指在跨学科教研中，由于能够促进教师相互间紧密合作、协同互助、和谐共进，共同应对课堂教学变化带来的新挑战和新问题。既拓展个人的教学视野，又能实现不同学科教师间的交流与合作，以及不同学科资源的有效整合和利用，真正促进学生的全面发展。差异性是指，跨学科教研尽管学科间的交集比较复杂，不同学科之间必然存在一定的差异，而且这个差异性还体现在多个方面。例如不同学科教师专业知识结构的不同，对待问题的研究方法侧重点不同，拥有教学资源的不同，以及从截然不同的视角去审视所教学科的不同等，仁者见仁，智者见智。

实践表明，开展跨学科教研活动的好处，主要表现在以下几个方面：

一是有利于促进教师的发展。在跨学科教研活动中，因为拥有不同学科知识背景的教师走到一起，"百家争鸣，百花齐放"的教研形式和内容，更容易激发不同学科教师之间产生较大的认知冲突，这对于完善教师知识结构，丰富教学手段，拓宽学科视野，具有重要的意义。随着课程改革的不断推进与深入，对教师的知识水平、教学行为和理念提出了新的更高更深层次的要求。同时，新课程"综合性""开放性"的理念倾向，也使得部分教师感到不是很适应。所以，这种纯单一学科性质的教研活动，对于教师成长的作用就有一定的局限性，而跨学科教研活动，在影响教师成长这方面，必将发挥越来越重要的作用。

二是有利于提高教研效果。由于受学科本位思想的影响，我国中小学教研活动这么多年来，多以学科性质划分组织、开展活动，并影响至今。在跨学科听评课中，资源的获取不再局限于单一的学科渠道，而具有广泛的选择性、丰富性和多样性，远非同学科听评课所能比拟的。由于众多"门外汉"的参与，其视野与思维空间远比同学科研讨要开阔得多，使得教研活动由"取众人之长"上升到"取众科之长"。要知道，教师们变换一个角度来看问题，能发现全新的教育景观，能有效激活教学的新思维。跨学科教研活动的思想精髓，就是要"跳出学科看学科"，从而让教师们接触到更加精彩的课堂教学文化、不同的教学方式、不同的教学风格，这样，必将能够提高教研活动的效果。

三是有利于教研团队的形成。简单地说，跨学科教研的内涵旨在强调拥有不同学科知识背景的教师，他们基于一致的教育理念，打破自身原有的学科樊篱，重新组建起一支新的教研团队。他们在开展教研活动时，突出不同学科知识之间的相互衔接与联系、不同学科教师之间的合作与配合以及不同学科之间教学方法、经验的相互借鉴与分享，各学科教师之间不再泾渭分明，而是相互融合，并在对话和交流中提高发现、分析和解决问题的能力，提高教师协同合作能力。跨学科教研意味着突破学科局限，建立更加灵活、更加开放的动态教研机制，为不同学科的教师创造沟通的机会，实现各学科平等、均衡、同步发展，从而打破教师的学科壁垒，强化学科知识交流，以适应新课改的需求。这种形式的教研活动，形式新颖，内涵丰富，有助于形成不同学科之间的优势互补，有利于实现学科教学方式方法之间的大融合。

四是有利于学生的全面发展。当前，仅仅追求在某一学科领域成为名师的教师，已经不再是优秀的教师了，教师专业素养的内涵正在发生重要的转变——由"单一"趋向"综合"。为此，我们应该在更高更新的层面上，促进教师专业素质的不断提升，从而满足学生全面发展的需要。合作中相互吸收、借鉴，能做到扬长避短、优势互补，最终实现提高教学效率、促进学生优质发展的目的。此外，跨学科听课和研讨，还有助于教师更全面地了解学生，更好地改进教学，实现因材施教，促进学生个体的全面发展。

五是跨学科教研活动的实施，有利于教学、教研理论的丰富与创新。分学科教研在成为学校教研的主要组织形式之外，其自身由于各学科之间相互借鉴、整合与合作的机会较少，所带来的问题，也成为困扰学校教研发展的瓶颈，中小学教研活动的理论和实践水平也很难再上一个新台阶。跨学科教研活动，由于不同学科教师组成灵活的教学研究组织，形成新的伙伴关系，能围绕某一特定的教学主题进行教学、教研和课后反思等，从而实现多渠道的教学资源共享。同一学科的教师往往只站在自身的学科角度思考问题，而让其他学科的教师带着新奇的目光，多视角的碰撞与交汇，就会生成创造性的教学设计和理念，这样就能为丰富和创新教学、教研理论，提供有力的保障，同时也能解决教学理论和教学实践中的新问题，从而为新课改的实施奠定坚实的基础。

总之，跨学科开展教研活动的好处是不言而喻的，也是非常值得去探究的。但由于跨学科教研活动是一项系统工程，需要学校多数教师的共同参与、自愿参与和主动参与。同时，跨学科教研活动的管理与评价也是一个难题，它和传统的教研管理与评价也应该有所不同，这还需要我们去不断探索、实践和总结。但有必要强调的是，开展跨学科教研，不是要否定和替代传统的单一学科教研活动，而只能是一种补充和完善，过去传统的教研活动也是必须的，只有将两者有机地结合起来，教研和教师专业发展的效果才会更好。

结尾诗

两个学科同台上，
青年老师来对比。
数学探究可能性，
语文教学桂花雨。
精彩尝试很有趣，
创新教研真不易。
促进发展多样化，
大胆改革是出路。

后记

　　这本《研之有理》能顺利与大家见面，确实来之不易。首先要感谢我的同事，因为我的眼睛看不清，没有你们的帮忙，这本书稿是整理不出来的；其次要感谢华东师范大学出版社的厚爱，没有编辑的辛苦劳作，也不可能这么快就能出版发行。

　　我还有四年时间就要退休了，这本教研专著也为我的教育生涯画上一个圆满的句号。

　　本人工作整整三十五年了，前十年在中小学课堂教学第一线，从事教育教学工作。此后的岁月就热衷于教研工作了，一直从事中小学教研和管理工作。我是1994年初进入区教研室，担任教研员至今。尽管期间担任过区教体局的分管领导，但一直没有脱离教研工作，坚持深入课堂听课。作为一名老教研员，对于中小学教研工作特别是听评课活动，可以说情有独钟，也痛心疾首。就其原因，现如今中小学听评课这项最具中国特色的原生态教学研究形式，已被人们淡忘，甚至抛弃了，非常可惜，这也是我们教研文化不自信的表现。

　　说实话，今天的课堂教学还有不少问题。不相信，只要你随便走进一所学校，随便推开一间教室，看看到底有多少节好课，有多少老师能把课上好也就知道了。要我说，现状至少不乐观。可悲的是，一些人不去想办法解决这个问题，反而一味地搞一些花里胡哨不实用的东西。要知道，"课堂"对于学生来说实在是太重要了，老师"上好课"是一个永恒的主题。

记得 2008 年上半年的一个晚上，不知出于什么原因，我脑海中突然冒出一个奇怪的想法，就是能不能把以前的听课笔记整理出来并进行分析呢。从那时起，历时十年最终取得了成效，我共出版了四本教研专著，分别是 2015 年的《引以为戒》，2016 年的《记忆犹新》，2018 年的《乐在其中》，以及这本《研之有理》。另外，这期间还出版了一本教育随笔——《架起兴教之桥》。下面，重点就来谈一下这四本系列教研专著。

十年磨一剑，这四本教研专著都是以听评课为基础，以课例研究为对象，所有的教学案例都来源于真实的课堂教学，是真人真事，而且它们还一脉相承，是一个有机的整体。尽管这一系列研究成果没有事先立项，也不是一开始就系统谋划好的，一切都是顺其自然的。但它们自成一体，研究的对象和方向是明确的，研究的过程和成果是实实在在的。其目的就是为了让更多的老师能把课上好，能够为老师们解决上好课的问题。

对于中小学教师来说，上好课才是硬道理。在平时的教研工作中，我极力倡导学校要积极开展听评课活动。有人可能会说，现在不是在搞新课改吗？大家都去玩"新"的了，谁还稀罕这老一套，听评课早就应该抛弃了！我告诉你，只要课堂存在，只要有教师，只要有教研员，就不能没有听评课活动，这是教师专业发展最有效的途径，不可或缺。否则，上好课也就无从谈起。今年初，中共中央国务院印发的《关于全面深化新时代教师队伍建设改革的意见》就明确要求："使教师静心钻研教学，切实提升教学水平。"我的这几本系列教研专著就契合了这一要求，也是有意义的。

"课堂教学"现在可以说既让人爱又让人恨，弃之不得，用之不好。特别是从上个世纪"素质教育"的提出开始，就有人一直在淡化课堂教学。到本世纪初的新课程改革，更是有过之而无不及，课堂教学始终处于尴尬和不乐观境地。"我一贯认为，听评课是教研活动的'根'，上好课是老师的'本'，不抓住这个'根本'，教学质量的提高就无从谈起。当教师的就要能上课，就要把课上好。上好课是老师的天职！"而且还强调，"听评课活动实在太重要了，如果不开展听评课活动，教师的专业发展就是一句空话，上好课也就无从谈起。"作为一名教研员，对听评课这样情有独钟，并坚持不懈地进行细致的研究和总结，"其目的就是想进一步促进教师的专业发展，引领教师把课上好，这样教学质量的提升才有希望。"要知道，"教师的本事不是说出来的，而是上出来的，你有本事就把课上好。""虽然上好课并不容易，但上好课责无旁贷。""我们每一位教育工作者只有敬畏课堂，好好地研究课堂，研究教学，真正把心思放在课堂上，放在学生身上，放在教研上，才有可能把课上好。"四本教研专著虽然都是对课例进行分析和研究，但侧重点各有不同，既相互独立，又有内在的联系。而这本《研之有理》，是精选了十几节好课，来对其全过程进行细致的分析和研究所形成的。

中小学所有年级所有学科的课几乎我都听过，另外，还听过普通高中、职业高中、特殊教育和幼儿园部分学科的课。我经常鼓励教研员和学校老师要听不同学科的课，千万不能只听一门本学科的课，那样对自己的发展是没有好处的。尽管有的学科我听不懂，有的学科还听不明白，但只要有机会，我都会去认真听课，积极参加评课，请教学科教研员，并进行深入的思考和研究，每次收获都很大。

这四本系列教研专著具有以下几个方面的特点，也是其价值所在。一是全科性。几本书所分析的五百多个案例，涉及中小学各个年级、各个学科，基本做到了全覆盖，而不是单一学科或少数几个主要学科，是"全科教研"的系列研究，可以说国内领先，也屈指可数。二是独创性。四本书的课例涉及面非常广，适合不同学段和学科教师的阅读，这在中小学各类教科研书籍中是一个独创，也是很少见的。三是真实性。书中都是真实的案例，都来源于真实的课堂，有名有姓，有时间有地点，是本人亲历现场，亲眼所见，亲耳所听的，而不是道听途说的。四是系统性。四本书构成了一个完整的体系，而且在教学、教研和课堂教学理论和实践上，也有一定的突破，有利于老师把课上好。五是实用性。课例分析贴近教师，贴近教学，贴近课堂，贴近新课改，具有很强的实用价值，对提高课堂教学水平和质量有一定的帮助，能发挥引领和示范作用。

当然，由于时间仓促，加上本人水平有限，缺点错误在所难免，欢迎读者批评指正。

王兴桥

2018 年 10 月 22 日

结尾诗

三十五年教育梦，
二十五载教研情。
五本专著凝心血，
全科教研为老师。
教研之根听评课，
教师之本上好课。
根本问题要解决，
兴教之桥已架起。